管理学研究方法
结构方程模型及应用案例

GUANLIXUE YANJIU FANGFA

JIEGOU FANGCHENG MOXING JI YINGYONG ANLI

唐斌 吕文菲 李代红 / 编著

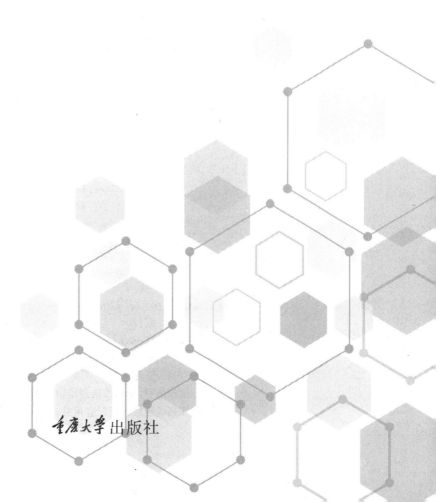

重庆大学出版社

内容提要

本教材主要围绕管理学研究方法展开,深入探讨结构方程模型及其应用案例。全书分为六个章节,包括导论、管理学发展简史及其研究方法变迁、管理学研究的基本方法、结构方程模型概述、结构方程模型建模以及应用案例。本教材着重介绍管理学研究的核心概念和技术,结合实际案例展示结构方程模型在管理学领域的应用价值,帮助读者掌握建模过程中的实际操作技巧,内容撰写突出简明性、通俗性和应用性。

本教材在理论与应用相结合的基础上,旨在为管理学研究者和实践者提供方法指导,培养其在管理领域中的研究与分析能力。本教材可作为高等院校管理类专业本科生及研究生的教材,也可作为相关研究人员的参考读物。

图书在版编目(CIP)数据

管理学研究方法 : 结构方程模型及应用案例 / 唐斌
等编著. -- 重庆 : 重庆大学出版社, 2024.6
ISBN 978-7-5689-4460-1

Ⅰ.①管… Ⅱ.①唐… Ⅲ.①管理学—研究方法
Ⅳ.①C93-3

中国国家版本馆 CIP 数据核字(2024)第 097412 号

管理学研究方法
——结构方程模型及应用案例
唐 斌 吕文菲 李代红 编著
责任编辑:尚东亮 版式设计:尚东亮
责任校对:刘志刚 责任印制:张 策
*
重庆大学出版社出版发行
出版人:陈晓阳
社址:重庆市沙坪坝区大学城西路 21 号
邮编:401331
电话:(023) 88617190 88617185(中小学)
传真:(023) 88617186 88617166
网址:http://www.cqup.com.cn
邮箱:fxk@ cqup.com.cn (营销中心)
全国新华书店经销
重庆市正前方彩色印刷有限公司印刷
*
开本:787mm×1092mm 1/16 印张:8.75 字数:229 千
2024 年 6 月第 1 版 2024 年 6 月第 1 次印刷
ISBN 978-7-5689-4460-1 定价:32.00 元

前　言

《管理学研究方法——结构方程模型及应用案例》旨在为管理学领域的学习者和研究者提供一本简明且具有操作性的阅读书籍,以帮助他们深入浅出地了解现代管理学研究的理论框架、方法论及其在实践中的应用。本书以结构方程模型为主线,结合实际案例,系统地介绍了管理学研究的基本方法、技术和应用。

管理学作为一门跨学科的领域,其研究对象涵盖了组织、人员、决策等多个方面。而在当今复杂多变的社会环境下,如何有效地进行管理学研究,成为学术界和实践界共同关注的焦点。结构方程模型作为一种强大的统计工具,具有整合性强、可解释性好等特点,在管理学研究中有着广泛的应用前景。

本书分为六章,从管理学研究方法的基础概念出发,逐步深入探讨了结构方程模型的原理、构建和应用。特别是通过实际案例,展示了结构方程模型在解决管理实践问题中的作用,帮助读者更好地理解理论与实践的结合,提升其在管理学研究领域的能力。

在编写本书的过程中,我们汲取了国内外管理学研究的前沿理论,整合了应用案例和实践经验,力求使内容既具有学术深度,又具有实用性和通俗性。我们希望本书能够成为管理学学习者和研究者的参考资料,为他们在管理实践中的探索和创新提供理论支撑和方法指导。

最后,我们衷心感谢所有为本书出版提供支持和帮助的人士和机构,在此表示诚挚的谢意。同时,我们也欢迎读者提出宝贵的意见和建议,以便我们不断改进和完善本书,更好地为管理学学术界和实践界做出贡献。

望本书能够为管理学研究者和实践者的学习和工作带来启发和帮助!

编　者

2024 年 3 月

目 录

第 1 章

导 论

1.1 相关概念界定

1.1.1 管理、管理学

1) 管理的基本概念

管理学是一门研究各类组织管理活动的基本规律和管理方法的科学,是由组织的管理者在一定环境下,通过计划、组织、领导和控制等环节来协调组织的人力、物力和财力等资源,以期更好地达成组织目标的过程。管理具有以下职能:第一,计划职能。其主要任务是在收集大量基础资料的前提下,对组织环境的未来发展趋势作出预测;根据预测的结果和组织拥有的资源设立组织目标;然后制定出各种实施目标的方案、措施和具体步骤,为组织目标的实现作出完整的谋划。第二,组织职能。一是为了实施计划而进行组织结构的设计;二是为了达成目标所进行的必要的组织过程。为了适应供应链管理的新要求,企业往往需要设立或者去掉一些部门,对企业结构作出调整,这就是组织职能在发挥作用。第三,领导职能。管理是组织的各级管理者利用各自的职位权力和个人影响力去指挥和影响下属为实现组织目标而努力工作的过程。职位权力是指由于管理者所处的位置由上级和组织赋予的权力,个人影响力是指由管理者自身素质所产生的影响力。往往和激励职能和协调职能一起发挥作用。第四,激励职能。创造职工所需要的各种满意条件,激发职工的工作动力,使之产生实现组织目标的特定行为的过程。第五,协调职能。对内和对外协调。第六,控制职能。其作用是检查工作是否按既定的计划标准和方法进行,发现偏差,分析原因并进行纠正,以确保组织目标的实现。计划是控制的标准和前提,控制的目的是计划的实现,有时控制也会导致计划或组织的调整。几大职能相互联系,相互制约,交叉渗透,不可偏废。计划是首要职能,是组织、领导、控制职能的依据;组织、领导、控制职能是有效管理的重要手段,是计划及其目标得以实现的保障;每一项管理工作一般都是从计划开始,经过组织、领导及控制结束,可能又导致产生新的计划,开始新一轮的管理循环。

管理者是指从事管理活动的人,即在组织中担负计划、组织、领导、激励、协调、控制等工作以期实现组织目标的人。管理对象是管理者实施管理活动的对象。管理者扮演的角色包括：人际关系角色(代表人、领导者、联络者)，信息角色(洞察者、传播者、发言人)，决策角色(企业家、资源分配者、谈判者)。管理者应具备的技能包括：技术技能、人际技能、概念技能。管理学的特性包括：实践性、发展性、科学性和艺术性、综合性、不精准性、软科学性，二重性管理就是在特定的环境下，对组织所拥有的资源进行有效的计划、组织、领导和控制，以期达到既定的组织目标的过程。

2) 管理的思想发展史

(1)泰勒的科学管理理论(19世纪末—20世纪20年代)

泰勒的科学管理理论的主要内容包括提高劳动生产率、标准化原理、挑选"第一流的工人"、有差别的计件工资制、计划职能和执行职能的分离、职能工长制、例外原则等。

泰勒的科学管理理论的核心目的是谋求最高效率，通过科学化、标准化的管理方法代替经验管理，以实现最高工作效率和较低的劳动成本，从而扩大再生产的发展。具体内容如下：

提高劳动生产率：科学管理的中心问题是提高劳动生产率，通过优化工作流程和方法来提高效率。

标准化原理：将作业环境、工具、机器、材料、操作方法等标准化，使一切制度化、明确化和科学化。

挑选"第一流的工人"：根据工人的能力把他们分配到相应的工作岗位上，并进行培训和激励。

有差别的计件工资制：按照工人完成定额的程度采取不同的工资率，激励工人努力工作。

计划职能和执行职能的分离：实行专业分工，计划职能由管理当局负责，执行职能由工人负责。

职能工长制：在组织机构的管理控制上实行例外原则，高层管理者保留对重要事项的决策权和监督权。

例外原则：高层管理者把例行的一般日常事务授权给下级管理者处理，自己只保留对例外事项的决策权和监督权。

泰勒的科学管理理论不仅在当时具有革命性的意义，而且对后来的管理学发展产生了深远的影响，成为现代管理理论的重要基石之一。

(2)法约尔的一般管理理论

法约尔提出管理的五个基本职能：计划、组织、指挥、协调和控制，揭示了管理的本质。企业的工作与人员能力结构中，企业里发生的所有行为都可以概括为以下六种：技术性的工作即生产和制造；商业性的工作即采购销售交换；财务性工作即资金的取得与控制；会计性工作即盘点、会计和成本统计；安全性工作即商品及人员的保护；管理性工作即计划、组织、指挥、协调、控制。泰勒极为重视作业阶层和技术能力，而法约尔更为重视一般性的管理工作和管理职能。法约尔一般管理的原则包括：劳动分工原则，权力与责任原则，纪律原则，统一指挥原则，统一领导原则，个人利益服从集体利益原则，合理报酬原则，适当集权与分权原则，等级制度与跳板原则，秩序原则，公平原则，保持人员稳定原则，首创原则，人员团结原则。法约尔研究了管理的一般性，为管理理论的形成构成了科学的理论框架，提出了管理教育的必要性。法约尔的管理理论研究的是静止状态下组织的管理和结构设计,没有从动态发展的角度来研究。他的管理原则有的过于僵硬、教条,在实践中有时会使管理人员无所适从。

（3）梅奥的人群关系理论

梅奥的人群关系理论研究重点是人的要素。其主要内容有:工人是社会人而不是经济人;企业中存在着非正式组织;生产效率主要取决于职工的工作态度和其与周围人的关系。经济人是指只要用金钱加以刺激,就有工作的积极性。而社会人是指影响人们生产积极性的因素,除了物质方面,还有社会和心理方面的,他们追求人与人之间的感情,渴望受人尊重。梅奥认为工人是社会人,泰勒则认为工人是经济人。

梅奥的霍桑试验目的是解释出现在西方电器公司管理实践中的一系列矛盾和问题,主要研究外部因素与工人劳动生产率之间的关系。试验分为四个阶段,研究照明情况对生产效率的影响,继电器装配工人小组试验,大规模访谈,对接线板接线工作室的研究。梅奥对人际关系的贡献在于梅奥的人群关系理论同以前的管理理论不同,他抛弃了以物为中心的管理思想,以人为中心进行管理理论的研究取得成果。他强调对管理者和监督者的教育和训练,要求管理者改变对工人的态度和监督方式,倡导下级参与企业的决策,允许职工对作业目标和作业标准方法提出意见,强调意见沟通,改善人际关系,对企业的非正式组织提出了自己独特的看法。但他又过分强调非正式组织在企业中的作用,过分强调感情因素对提高生产效率的作用,过分否定物质条件、规章制度、作业标准和经济刺激的影响。

（4）行为科学理论

人是社会人,企业中有非正式组织,领导能力在于提高职工的满足度。行为科学学派的主要理论有马斯洛的需要层次理论、赫茨伯格的双因素激励理论、麦格雷戈的 X-Y 理论。

①系统原理

系统指由若干相互联系相互作用的部分组成的具有特定功能的有机整体,本质上系统是过程的复合体,包括了整体性原理、动态性原理、开放性原理、环境适应性原理和综合性原理,具有整体性、层次性、动态性与环境适应性的特征。

②人本原理

人本原理要求人们在管理活动中坚持一切以人为核心,以人的权利为根本,强调人的主观能动性,力求实现人的全面自由发展。职业是企业的主体,职工是参与有效管理的关键,是实现现代管理的核心,服务于人是管理的根本目的,实质就是充分肯定人在管理活动中的主体地位和作用。

③责任原理

责任原理要求分工明确,强调职责、权限、利益和能力的协调和统一。奖罚严明,公正及时。

④效益原理

效益分为经济效益和社会效益。经济效益是社会效益的基础,社会效益是促进经济效益提高的重要条件,管理者应注重努力追求经济效益与社会效益的有机结合。效益是管理的根本目的,追求局部效益必须与追求全局效益协调一致;管理应追求长期稳定的高效益;确立管理活动的效益观。

3) 现代管理的 8 个学派

①管理程序学派。应对管理的职能进行认真分析,从管理的过程和职能入手,对企业的经营经验加以理性的概括和总结,形成管理理论,指导和改进管理实践。是在法约尔一般管理思想的基础上发展起来的。

②社会系统学派。把企业及组织视为一个可以有意识加以协调和影响的社会协作系统。

③行为科学学派。对组织中人与人之间关系的研究,对群体中人的行为的研究。

④决策理论学派。管理的本质就是决策。管理理论应研究决策的问题,要研究制定决策的科学方法,以及合理的决策程序等问题。

⑤系统管理学派。用系统科学的思想和方法来研究组织管理活动及管理职能。

⑥管理科学学派。运用各种数学方法对管理进行定量分析。

⑦经验主义学派(案例学派)。通过对大量管理的实例和案例的研究,来分析管理人员在个别情况下成功及失败的管理经验,从中提炼和总结出带有规律性的结论,这样可以使管理人员能够学习到更多的管理知识和技能。

⑧权变理论学派。在企业管理中没有一成不变普遍使用的管理理论和方法,因为环境是复杂多变的,例外的情况会越来越多,以前的各种管理理论所使用的范围是非常有限的,管理方式或方法应该随着情况的不同而改变。

1.1.2 研究、方法与方法论

1) 方法与方法论

《论语·卫灵公》中记载:"工欲善其事,必先利其器。居是邦也,事其大夫之贤者,友其士之仁者。"科学即方法。简单地说,对于"科学"而言,它表明了人们观察世界、分析问题的一种思路或一种规范,而这种思路或者规范相对于科学的要求而言又是"中规中矩"的。科学的进步往往是随着方法的进步而达成的,没有方法论上的革新,就不会有新的科学成就。由此可见,"科学定义的重点不在于研究的题材,而在于研究的方法——不管研究的题材是什么,科学既然作为一种追求知识及解决问题的活动,它所采用的手段应该是一种科学方法"。英国法学家詹姆斯·布赖斯认为:"道德科学、社会科学或政治科学之本质特征是它的方法,而正是通过拥有某种方法,其作为一门科学的主张才必须得到试验。"方法可以一分为二:作为科学的方法和作为技术的方法。如果从方法问题的抽象性程度来划分,管理学方法问题可以分为三个层面:一是作为方法论的方法,这是方法本身的学问,或关于方法的方法。它研究方法问题和管理学方法的一般知识,研究方法的本体问题,研究自然科学方法和社会科学方法的异同,研究在追求真理的道路上何种方法是不可取的,研究方法宽容的哲理,研究管理学方法的内容与特点,等等。二是理论研究使用的具体方法以及规范,或作为科学的方法。这一层面上的方法包括实证分析和价值评价两种,以及这两种方法的综合运用或延伸——比较方法。三是管理实践的方法,或作为技术的管理方法。方法论科学知识体系包括三个相对独立的部分:哲学方法论、学科间的方法论和个别学科方法论。哲学方法处于方法论系统的最高层次,它适应一切科学,"表现为一种思维定式和原则,对文艺学方法论体系的整体性有规定作用"。一般研究方法是能为多种学科所采用,处于中介环节的研究方法。它处于方法论系统的第二层次,主要包括系统论、控制论、信息论和逻辑思维方法。特殊研究方法亦称具体方法。它是某一学科特有的研究方法,或者是某一学科从某种角度的研究方法。特殊方法取决于该门学科对象的特殊性。

2) 研究方法和方法论

学术论文中有重要的一节称为"材料和方法",或单独称为"方法",通常在引言之后和结果之前。很多科研人员对英文中表示研究方法的"method"和"methodology"这两个词感到困惑,不知道应该用哪个词。method 在中文中译为方法,而 methodology 译为方法论。研究方法和方法论之间的五大区别如下:

(1) 理论层次不同

"methodology"的英文解释是"a system of methods used in a particular area of study or activity",翻译成中文是用于某个研究或实践领域的多个方法的系统化汇总。"method"的英文解释是"a systematic procedure, process, technique, plan, or mode of inquiry employed by a particular discipline for attaining an object",翻译成中文就是用于某个领域的系统化步骤、过程、技术、计划或探究方式。方法论比方法在理论层次上更高,在范围上更大。在学术研究中,方法论和方法均强调系统化,避免碎片化,这是由于学术论文三大属性之一的完整性(深广性)所决定的。其余两个属性是创新性(原创性)和科学性(正确性)。方法论强调多个方法的汇总,因此比方法具备更强的系统性和理论性。简而言之,方法是指为解决某问题所采用的具体手段,而方法论则是将多个具体手段汇总提炼成为带有共性的概括,以及差别之间的比较,用于解释不同手段的异同原因和优化组合的办法。

(2) 研究重点不同

只要在发现、方法、技术(包括产品)三者中有一条是新颖的,即可构成创新性论点。因此,研究方法作为从事科研工作的手段,本身既可以作为新方法创造原创性论点,也可以作为实现新发现或新技术的辅助手段。从研究新方法的角度看,研究方法和研究方法论具有不同的工作重点,都非常重要,有各自不同的用处。既然方法和方法论都强调系统化,那么用系统工程的一个例子来比喻它们之间的关系最为恰当。系统工程是研究系统中各元素相关性的学科。一个系统的广度和深度由多个元素构成,这些元素按照不同的问题性质具有不同的划分类别。以产品研发系统工程为例,它包括四大元素,即产品实体(系统、子系统、部件)、属性(性能、耐久性、封装性、成本)、工作职能(分析计算、设计、测试、协调管理)、产品应用(陆地用、河海用、航空用等)。系统工程研究元素或子元素之间的关系,例如子系统相关性,以及性能与耐久性之间的权衡。研究目的是获得最优的系统设计。对比来看,方法论对应的就是系统工程,方法对应的就是系统中的每个元素或子元素。因此,方法论研究的是方法之间的关系,目的是发现方法之间的最优组合,以及发现最佳的方法。方法研究的则是每个元素或子元素的具体做法。一个方法自身达到最优,并不代表它是所有方法组合起来之后的最优。换言之,将几个自身次优的方法组合起来使用,效果可能远比只使用一个自身最优的方法要更好。而寻找这种问题的答案,就需要依靠研究方法论来实现。简而言之,方法是系统工程中的一个元素或子元素,而方法论则是整个系统工程。方法是局部,而方法论是总体。方法的研究特点是深而窄,而方法论的研究特点是浅而宽,更加关注方法之间的相关性。方法论是用来寻找最佳方法或最佳方法组合的理论。

（3）分类方式不同

方法有定性研究和定量研究之分，也有计算方法和实验方法之分，在测试、分析、设计数据上可以有很多不同的分类工作方式，从问卷调查到仪器使用等。在学术论文中描述所用的方法，需要将这些内容论述清楚，包括数据来源、数据处理工具、处理方法、误差和局限性等。相比之下，方法论关注的并不是方法本身的细节，而是所用方法在全部可能采用的各种方法中所起的作用、组合方式和局限性。换言之，当谈论的内容是涉及几个不同方法之间的关系而非其中一个方法时，就是在谈方法论。有人认为方法论是用于解释方法的理论，这是错误或片面的认识。对一个方法本身的理论解释，仍然属于方法的范畴，因为它并不涉及其他方法与该方法的相互关系和相互作用，自然也就谈不上方法论所关注的不同方法之间的组合优化效应。从上述系统工程的例子可以看出，方法论在定义其囊括的元素（即方法）时，针对不同的领域可以有不同的定义方式。为使方法论达到其目的——找到最佳方法或最佳方法组合，方法论将不同的方法分成以下几种：①现象学方法；②参与式方法；③理论式方法。实际上，这种哲学层面的分类对于具体科研工作帮助并不大。因此，在每个学科领域中，仍然需要将方法论按照特定技术细节进行具体分类管理。例如，在发动机领域，方法论包括以工作循环平均值为特征的宏观变量方法，以及以曲轴转角瞬时值为特征的微观变量方法。

（4）论述方式不同

如果在论文中讨论的是某一个方法，如数据采集的具体方法，包括观察、问卷调查、采访、实验、计算等，则适宜采用"方法"作为小节标题。如果讨论的是多个方法之间的比较和选优，而且讨论为什么要采用某个方法的逻辑和理论支持，则适宜采用"方法论"作为小节标题。在论文中论述方法，其实就是将自己做科研工作的步骤一步一步地具体写出来，包括材料、工具、仪器、软件、过程、分析方法、误差处理等。总而言之，撰写原则就是要让论文具有可重现性，让别人能够按照所述方法把科研工作复制出来。如果细节内容过多，可以放到附录里。在论文中论述方法论，比论述方法要困难得多，因为方法只是一个孤立的元素，而方法论是整个系统。所以，在阐述系统中各方法之间的关系时，自然需要作者具有广博的知识和强大的协调能力。

（5）对论文创新性的贡献不同

方法和方法论均能对论文的原创性和完整性做出重要贡献。它们不仅能够支持新发现或新技术，而且新方法或新方法论本身就是创新的论点。一般来讲，由于方法论的范围比方法更大，在方法论上做出原创性贡献的难度要大于在某个方法上获得突破的难度。在研究方法上，方法和方法论就像是飞机的两个翅膀，都非常重要。如果没有方法作为基石，方法论就成为无源之水，无法起到协调优化各种方法的作用。如果没有方法论，方法就是离散的碎片，无法被整合起来发挥最大的作用，也无法根据理论的指引快速预测并找到最佳的方法。

1.1.3 管理学方法论、管理学研究方法与管理学研究方法论

1）管理学方法论概述

美国心理学家查普林（James P.Chaplin）曾指出："任何科学发现或概念的有效性取决于达到该发现或概念所采取的程序的有效性。"从一定意义上说，科学的发展史在实质上就是科学

方法论的演化史。科学技术的每一次重大发展,几乎都伴随有研究方法的重要发展,而研究方法论的每次发展又总是使人类对客观规律普遍性的认识更深化一步。科学的发展和体系的形成就是在新旧方法论的更迭和进化中实现的,管理学及其研究方法论的发展也同样如此。正是由于在方法论上迥异于前人,使得他们的理论异于前人。因此,从多元学科方法论的视域去探究西方管理学方法论的流变也就显得非常必要。泰勒的科学管理理论的建立、法约尔管理过程论的创立、韦伯科层制理论的建立以及此后管理理论的创新无不跟科学方法有关。因此,当我们研究自泰勒创立科学管理以来的西方管理思想史时我们可以发现,西方管理思想史上的管理(实践)学家很多,但具有开创性的管理学家则屈指可数,大凡开创性的管理学家其开创性成就的取得无不是源于其方法论上的革命。

2) 管理学研究方法

(1) 概论

科学的目标是追求真理,解释并且预测自然和社会现象。从科学方法中得到的真理要求同时包含逻辑和证据,两者相辅相成,缺一不可。诠释理论、寻求事实、将事实与理论匹配是科学的三个主要活动。规范科学是实证科学,即数据、证据或观察是支持理论的必要组成部分。凡是科学的理论,都一定有被事实推翻的可能性,但却没有被事实推翻。也就是说,科学的理论一定是可以被证伪的。首先,管理者在管理过程中离不开形象思维,而且在许多时候,形象思维比逻辑思维更重要。其次,任何管理问题都是情境依赖的,管理研究离不开具体的情境。按照论证的途径,管理研究可分为理论研究和实证研究两大类。另外一种分类方法是将研究分为定量研究(Quantitative Research)和定性研究(Qualitative Research)。

(2) 管理研究的基本要素

①概念、构念与变量

概念是思维的基本形式之一,反映客观事物的一般的、本质的特征。概念有实体概念、性质概念和关系概念之分。构念有以下几个特征:构念是研究者构造出来的;是抽象的、不可直接观察的;是与理论和模型相联系的;应该是清晰而明确的。变量原本是数学名词,指可以改变其数值的量。变量是概念和构念在定量分析架构中的对应形式。变量就是概念的具体化,反映了概念在具体形态的变异性。

②假设、命题和理论

假设亦称假说,它是对未知的客观事物所作的尚未经过实践检验的假定性设想或说明。换言之,假设是有待检验的尝试性判断。命题假设是有待验证的命题,而命题是人们对观察资料经过思考做出判断的结果。命题是对两个或两个以上概念间关系的陈述。命题的语言表达形式是一个非真即伪的陈述句。理论是一组结构化的概念、定义和命题,用来解释和预测现实世界的现象。理论由三个要素组成:概念框架;说明各种特性或变量之间关系的一组命题;相关的实践和理论背景。

③推理是从命题出发,符合逻辑地推出另一个命题

推理过程涉及一组结构化的命题,这组命题常分两类:前提和结论。推理分归纳和演绎两类。归纳推理指从具体事实到抽象理论的过程,从数据和证据出发推出结论。演绎推理则是指从抽象理论到具体事实的过程,它的结论必然能从前提推衍出来,如前提为真则结论为真。

④分类规则主要有完备性、准则唯一性、种的独立性和分类中不得跳跃逻辑等级。

1.2 国内外关于管理学研究方法论的研究概况

1.2.1 国外研究概况

管理是人类的一种活动,自从有了人类就有了管理。有史料记载的西方管理实践和观念已经存在了数千年,但直到19世纪末管理才开始形成一门学科。纵观西方管理学的发展大致可分为两个时期,一是早期管理思想,二是管理理论的正式形成和发展。

(1)早期管理思想

西方的管理实践和思想有着悠久的历史。在奴隶社会,管理实践和思想主要体现在指挥军队作战、治国施政和管理教会等活动上。古罗马人在这些方面有过重要文献。欧洲文艺复兴时期,也出现过许多管理思想。然而,西方的管理实践和思想是在工厂制度产生之后。18世纪开始的工业革命使西方国家不仅在工业技术上得到了巨大的发展,而且在社会关系上也发生了巨大的变化。许多新的管理问题需要人们去回答、去解决。在这种情况下,随着资本主义工厂制度的建立和发展,不少对管理理论的建立和发展有重大影响的管理实践和思想应运而生,具有代表性的有以下几种。

①亚当·斯密的劳动分工观点和经济人观点。他对管理理论发展的一个贡献是他的分工理论。亚当·斯密认为,分工的起源是人的才能具有自然差异,那是起因于人类独有的交换与易货倾向,交换及易货系属私利行为,其利益决定于分工,假定个人乐于专业化及提高生产力,经由剩余产品之交换行为,促使个人增加财富,此等过程将扩大社会生产,促进社会繁荣,并达私利与公益之调和。

②小瓦特和博尔顿的科学管理制度。他们接管了一家铸造厂后,采取了不少有效的管理方法,建立了许多科学的管理制度。如实行生产化标准,详细的监督管理制度,制定员工的培训和发展规划,选举委员会来管理福利。

③所有权与管理权的分离。1841年的马萨诸塞车祸后,舆论哗然,对铁路老板低劣的管理工作进行了严厉的抨击。这个铁路公司不得不进行管理改革。老板交出了企业的管理权。这是历史上第一次在企业的管理中实行所有权和管理权的分离。

④罗伯特·欧文的人事管理。欧文对管理学的贡献是,摒弃了过去那种把工人当作工具的做法,着力改善工人劳动条件,诸如提高童工参加劳动的最低年龄;缩短雇员的劳动时间;为雇员提供厂内膳食;设立按成本向雇员出售生活必需品的模式,从而改善当地整个社会状况。

⑤巴贝奇的作业研究和报酬制度。他进一步发展了亚当·斯密关于劳动分工利益的思想,分析了分工能提高劳动生产率的原因。巴贝奇还指出,脑力劳动也同体力劳动一样,可以进行分工。在劳资关系方面,他强调劳资协作,强调工人要认识到工厂制度对他们有利的方面。他还探讨了能使投资效率更高的大工厂的优越性。

⑥亨利·汤的收益分享制度。他在管理思想上的贡献主要有:强调指出管理的重要性,支持并推广科学管理运动,提出了一种收益分享制度。在他之前,有的管理学家提出过利润分享

的办法。但他认为,实行利润分享有可能使得某一部门职工的努力而产生的收益由于另一部门职工的失误而抵消。为了确切计算每一部门职工的成果,他主张要计算每一种生产要素的成本。这样,每一部门职工的收益就能按照他们的实际成绩偿还给他们。因此,他把自己的方案叫作收益分享而不叫作利润分享。他提出的方案是,职工有一个最低保证工资。超过定额而生产的收益由职工和雇主各得一半。

⑦哈尔西的奖金方案。哈尔西认为,当时美国存在的三种工资制,都有着较大的缺陷:第一种是日工资制,它对工人缺乏激励力。第二种是一般计价工资制,其缺陷是当工人较明显地提高产量以后,雇主就会降低工资率。第三种是亨利·汤于 1889 年提出的收益分享方案,其缺陷是没有反映出工人生产以外的收益增长因素,工人不分勤惰同样地分享收益,工人只分享收益而不分担损失的工资增加以后的受益时间过长。为了克服以上各种工资方案的缺点,哈尔西提出了一种新的工资和奖金方案,以工人目前的产量作为标准产量,工人如果提前完成了工作,则把节省时间而增加产量的收益按一定比率(为正常工资率的 1/3~1/2)发给工人作为奖金。哈尔西的工资和奖金方案简便易行,工人的基本工资有保证,奖金多少随个人的勤惰而异,提高生产的利益由工人同雇主共享,而且雇主能得到一半以上,使得雇主不会急于降低工资率,从而减少了劳资纠纷。

(2)形成与发展

管理理论的发展经过了古典管理理论、行为管理理论、现代管理理论。

①古典管理理论

古典管理理论在 19 世纪末到 20 世纪初,可以分为科学管理理论、古典组织理论和综合古典管理理论。科学管理理论由科学管理之父——弗雷德里克·温斯洛·泰勒在他的主要著作《科学管理原理》中提出,科学管理最明显的局限性是认为工人是"经济人"。科学管理重视物质技术因素,忽视人及社会因素。他将工人看成机器的附属品,是提高劳动生产效率的工具,因此在生产过程中强调严格的服从,他没有看到工人的主观能动性及心理社会因素在生产中的作用,认为人们只看重经济利益,根本没有责任心和进取心。对工人的错误认识,必然导致科学管理理论在实践中的局限性。古典组织理论的正式产生和盛行时期为 19 世纪末期和 20 世纪初期的公共行政学的早期研究时期,特点在于把人看作是机器的附属物,强调的是等级、命令和服从,并且用一种封闭模式的观点来对待组织,忽视了人的因素和环境的作用。代表人物是韦伯,他根据组织内部权利关系,揭示不同组织所具有的特性。控制职能就是运用指挥原则,支配与监督下属的活动。控制职能包括配备人员、选择安排、纪律和训练,与此相适应的原则是集中、报酬和公平。

②行为管理理论

行为管理理论即行为科学理论,产生于 20 世纪 20 年代到 20 世纪 50—60 年代,可分为人际管理理论、激励理论和领导效能理论。霍桑试验的研究结果否定了传统管理理论的对于人的假设,表明了工人不是被动的、孤立的个体,他们的行为不仅仅受工资的刺激,影响生产效率的最重要因素不是待遇和工作条件,而是工作中的人际关系。据此,梅奥提出了自己的观点:工人是"社会人"而不是"经济人";工人的工作态度与士气是影响工作效率的关键;企业中存在着"非正式组织"。在经济发展的过程中,劳动分工与交易的出现带来了激励问题。激励理论是行为科学中用于处理需要、动机、目标和行为四者之间关系的核心理论。行为科学认为,人的动机来自需要,由需要确定人们的行为目标,激励则作用于人内心活动,激发、驱动和强化人的行为。激励理论是业绩评价理论的重要依据,它说明了为什么业绩评价能够促进组织业绩的提高,以及什么样的业绩评价机制才能够促进业绩的提高。领导效能理论主要包括领导者境遇理论、行为连续带理论、领导方式系统理论、领导四象限模式、管理方格论、领导行为权变理论。

③现代管理理论

现代管理理论是继科学管理理论、行为科学理论之后,西方管理理论和思想发展的第三阶段,特指第二次世界大战以后出现的一系列学派。与前阶段相比,这一阶段最大的特点就是学派林立,新的管理理论、思想、方法不断涌现。美国著名管理学家哈罗德·孔茨认为当时一共有 11 个学派:经验主义管理学派、人际关系学派、组织行为学派、社会系统学派、管理科学学派、权变理论学派、决策理论学派、系统管理理论学派、经验主义学派、经理角色学派、经营管理学派。现代管理理论是近代所有管理理论的综合,是一个知识体系,是一个学科群,它的基本目标就是要在不断急剧变化的现代社会面前,建立起一个充满创造活力的自适应系统。要使这一系统能够得到持续地、高效率地输出,不仅要求要有现代化的管理思想和管理组织,而且还要求有现代化的管理方法和手段来构成现代管理科学。纵观管理学各学派,虽各有所长,各有不同,但不难寻求其共性,可概括如下:a.强调系统化。b.重视人的因素。c.重视"非正式组织"的作用,即注意"非正式组织"在正式组织中的作用。d.广泛地运用先进的管理理论与方法。e.加强信息工作。f.把"效率"和"效果"结合起来。g.重视理论联系实际。h.强调"预见"能力。i.强调不断创新。

进入 20 世纪 80 年代以后,随着社会、经济、文化的迅速发展,特别是信息技术的发展与知识经济的出现,世界形势发生了极为深刻的变化。面对信息化、全球化、经济一体化等新的形势,企业之间竞争加剧,联系增强,管理出现了深刻的变化与全新的格局。正是在这样的形势下,管理出现了一些全新的发展趋势。

1.2.2　国内研究概况

中国关于管理研究方法的研究开展得相对较晚。20 世纪 60—80 年代,西方管理研究出现高潮,随着跨学科交叉研究的兴起,产生了大量的研究方法成果。20 世纪 90 年代以来,国外管理研究更加活跃,特别是紧跟当代管理实践变化的研究手段日趋成熟。越来越多的学者认识到了管理研究方法作为基础理论对于中国管理学发展的重要性,一些中国学者如李怀祖、孙庆国、罗珉等对已有的理论进行了较为系统的梳理;一些海外华人学者如孙淑英、陈晓萍等大力推动国外管理研究方法与中国情境的结合,这些对于促进中国该领域的研究都具有重要价值。不过,中国关于管理研究方法的研究时间短,管理研究方法的发展状况与国外有显著区别,"思辨研究多、实证研究少是我国管理科学研究的特色"。可见,研究方法论的缺失和研究方法的滞后是制约中国管理学发展的重要原因。考察国外管理研究的发展路径,并分析中国管理研究方法的研究现状,有利于看到问题和差距,也能够为加强中国管理研究方法的研究提供依据。中国管理研究方法的文献综述如下:

(1)专著综述

①教材类型专著

中国关于管理研究方法的专著,主要是以教材类型的专著为主。教材类型专著代表有李怀祖的《管理研究方法论》一书,阐述管理学科研究工作的基本原则、途径和程序,在总结前人经验的基础上,提出有效的管理研究工作规范。从本质上看,该书还是应该属于研究管理研究方法的,因为它并不是专门论述管理研究方法论的专著。许正良的《管理研究方法》提出了以管理研究的工作过程为主线的管理研究流程,把管理的研究过程细分为"三个阶段""九个步骤"。孙国强的《管理研究方法》一书,除了管理研究方法的一般论述外,如何将研究方法用于论文写作和课题申报的内容占了较大篇幅。马庆国在《管理科学研究方法》中概括提出了管理研究的六条主要路径,并指出了管理研究的三个关键方面;他还提出以数据资料来源与处理方法对管理研究方法进行分类,并简单介绍了神经管理科学及其实验研究方法。刘军的《管理研究方法原理与应用》以讲述数据分析处理为主,还论述了跨文化研究、跨层次研究、多层面研究、比较研究等诸多内容。阎海峰等的《管理学研究方法》介绍了扎根理论研究法、内容分析法等较新应用于管理研究的方法。

②实例类型专著

梁晓雅的《研究中的方法论:以 E-HR 研究为例》通过一项人力资源信息体系课题的具体研究,论述了研究设计、问卷调查法、实验研究法、效度及变量的测量等一系列研究过程。通过这一过程,该书对管理学科如何进行实证研究进行了较为翔实的实例展示。

③管理研究方法论专著

罗珉的《管理学前沿理论研究》基本上属于论文集,收录了十篇文章,其中主要论述管理研究方法论的有 5 篇,因此该书只能算是半本管理研究方法论的专著。该书中,罗珉研究了管理发展中科学主义范式和人本主义范式的分歧和借鉴,并认为当代西方哲学主要存在人本主义和科学主义的对立,可以据此来探讨管理学的发展。他还论述了科学主义范式的复兴倾向和历史背景,以及新现代泰勒主义与"非理性"学派的区别和融合;他论述了以德鲁克为代表的经验学派方法论与社会建构方法论的论争,阐明了经验学派方法论对管理学的贡献。在该书最后两章,他分别介绍了后现代管理理论、超现代管理理论的思潮和基本方法论特点。

(2)论文综述

①关于管理研究方法论

相对于学术专著而言,中国关于管理研究方法的学术论文成果并不多。研究方法论的缺失,促使不少学者对管理研究方法论进行思考。尹卫东探讨了管理学方法论的核心和谱系,并提出认知心理学关于直觉的理论和方法、后现代主义哲学的思维方式,都可以成为管理研究中的新武器。薛求知、朱吉庆则从本体论和认识论的分歧出发,提出管理学研究方法论上主要表现为实证论与诠释论的分歧,最终指出管理学研究方法论应该是一种人文和科学相融合的方法。于明、孙林岩和崔凯提出了一种对管理研究方法论进行前后期划分的思路,即构造假设树及其之前的过程纳入前期方法论的范畴,将假设树构造完成之后的过程纳入后期方法论的范畴。

②关于借鉴经济学研究方法

肖世明论述了管理学和经济学各自研究发展的互补性以及某些具体研究方法的共同适用性等,但是对于如何相互借鉴没有论及。黄群慧、刘爱群指出两门学科研究领域的"分工契约"、两门学科研究方法的差异性,提出了互相借鉴的必要性。罗仲伟阐述了经济学方法对管理学的影响,并指出了经济学方法与管理学方法的基本差异和融合趋势;他还提出,面对企业管理现实,经济学更需要向管理学借鉴方法而不能自我封闭。

③关于管理研究方法的应用研究

管理研究方法的应用研究是对具体方法如何应用进行研究，受到不少学者的关注。其中，案例研究的应用又是热点，也是中国管理研究方法相关论文成果最为集中的范畴。欧阳桃花探讨了工商管理学科规范性案例研究的内容与方法，以及相应案例研究的步骤与评价标准等。余菁区分了不同的案例研究类型，分析了案例研究方法在管理科学领域的应用、发展及趋势。还有学者对案例研究方法的实施过程、数据分析的策略，以及案例研究的有效性等问题进行了论证。项保华、张建东结合一些战略管理文献说明案例研究方法，探讨了战略管理案例研究方法的步骤。王金红对国内外学者有关案例研究的主要观点进行了较为全面的梳理，对案例研究法在学术研究中应当注意的技术规范进行了评述。乔坤、马晓蕾分析了案例研究法与实证研究法结合开展研究的过程、结论和重要性，提出了在研究中将案例研究法与实证研究法结合使用的三种方法。李品媛分析了案例研究法在研究和教学中的差异，提出了在教学中使用案例研究法应注意的关键问题。刘庆贤、肖洪钧通过对案例研究方法发展历史的考察及其对工商管理学科理论发展所做贡献的例证，阐述了案例研究方法已经成为工商管理理论发展的重要途径。谢刚等通过统计分析管理实验研究的现状，提出了管理实验的设计思路和一般步骤，认为管理实验大体上可以分为三个阶段。颜士梅基于以往文献论述了内容分析方法应用于人力资源管理研究的问题，指出了应用过程中的关键环节、优势和局限。张敬伟、马东俊对扎根理论研究法与实证研究在管理研究中的差异进行了对比分析，介绍了扎根理论研究法如何在管理学中应用。

第 2 章
管理学发展简史及其研究方法变迁

2.1　19 世纪末到 20 世纪 30 年代的古典管理理论

　　管理学作为一门科学,在近 100 年的时间里已经发展成为一个多门类、多层次的学科体系。与管理学学科体系相适应,管理学的研究方法也逐步发展成为包括多层次的方法体系,然而,时至今日管理学的研究方法体系仍是不成熟、不完善的,尚未形成统一的研究范式,进而就引发了管理学"弱科学性"以及是否具有普适性的争论。所以,梳理和研究管理学现有的研究方法体系,探求发展和完善管理学研究方法体系,对于管理学学科的发展具有重大意义。本书将对管理学研究方法体系形成和发展的相关问题进行论述,着重探讨并回答管理科学化、管理学自身研究范式、中国管理情景这三个与管理学研究方法体系发展密切相关的重要问题。管理学研究方法是研究主体认识管理这一研究对象本质和规律所采用的思路与程序,是研究主体把握管理这一研究对象的方式、法则、手段和规范的总和,所要解决的是"怎样正确认识管理"这个问题。由于管理学研究对象的复杂性,研究主体对管理的研究不可能仅仅采用某一单一的方法就达到研究的目的,因此众多的管理学研究方法就构成了管理学的研究方法体系。

　　管理学研究方法体系是指管理学的研究主体为实现特定的研究目的,在研究管理的本质和规律时所采用的一系列相互联系、相互作用、相互制约的特定方法,这些方法共同构成了一个有机整体。管理学的研究方法体系具有鲜明的层次性特征。居于第一层次的是管理学哲学层次方法即方法论层次的方法,它是研究主体认识和研究管理的根本方法,从最本质的基础上揭示了管理学研究方法的特质。居于第二层次的是管理学通用研究方法,它是研究主体进行管理学研究的基本的思维原理和分析方法。居于第三层次的是管理学研究的具体方法,每一学科都有自身的特点和研究对象,否则该门学科就难以独立存在,而与管理学的研究特点和研究对象紧密相连的方法,就是管理学研究的具体方法。国内有关学者对管理学研究方法体系构成研究进行了较多的研究,但基本上基于三种维度:第一,从管理学研究方法的来源上,把管理学研究方法体系划分为基本研究方法和借鉴吸收的研究方法两类研究方法;第二,从研究范式的角度对有关方法进行分类,进而研究管理学研究方法体系的构成;第三,依据管理学研究方法的纵向抽象层次,把管理学研究方法体系划分为哲学层次方法、通用层次方法和具体方法三个层次。这三种维度的研究相互交叉、相互重叠,分别从不同的角度阐释了管理学研究方法体系的内容。

一门学科的研究方法对学科的发展至关重要,正如黑格尔所说"一门学科的研究方法并不是该学科外在的形式,而是该学科内容的灵魂",学科研究方法体系完善与否是该学科成熟与否的重要标志。管理学研究方法体系的形成与发展,是伴随着管理学学科体系形成和发展同步进行的,是借鉴、吸收其他学科研究方法的基础上逐步形成的,其形成过程如下:20世纪初到20世纪20年代末,管理学进入以泰勒、法约尔、韦伯等人为代表的古典管理阶段,该阶段的核心内容是科学管理、管理职能和过程分析、古典组织理论等,侧重于对物、财及管理组织过程的管理,研究方法主要以自然科学及经济学方法为基础。20世纪30—50年代,管理科学进入以梅奥为代表的人际关系学说及随后发展的行为科学理论阶段,该阶段的人际关系学说、行为科学是建立在心理学、社会学和人类学等学科方法基础之上的。20世纪60年代,管理科学进入现代管理科学阶段,即被孔茨描述的"管理理论丛林"阶段,该阶段的管理学移植了数学、计算机科学技术及其他自然科学、统计学、系统论、文化学、法学等诸多学科方法,形成了孔茨在其《再论管理理论丛林》中论述的11个学派。20世纪80年代以后,管理学进入了持续发展阶段,该阶段以企业文化、企业战略、学习型组织以及企业再造等理论为代表,在研究方法上吸纳了硬系统思考方法、系统动力学方法、组织控制论方法、复杂性理论方法等"多元学科"研究方法。随着管理学理论和实践的进一步发展,管理学研究方法体系也将不断地发展和完善。

管理科学化是管理学发展的主流方向。管理科学化是指广泛地应用各类科学或者学科提供的方法来分析和解决管理问题、创新和积累管理知识、提高管理效率的过程。自泰勒从事科学管理研究和实践,开启管理科学化进程以来,已经过近百年的历程,在管理实践、管理问题研究和管理学科发展三个层次上都取得巨大的进展,成为管理学发展的主流方向。20世纪中后期以来,管理学研究和实践出现许多对管理学的科学性和科学化倾向质疑的文献,这些文献强调管理学的实践性、人文性,重视文化管理。但是,这并不意味着管理科学化发展的停滞,相反管理科学化的进程仍将不断加速,进而推进管理学的不断发展。从未来来看,以下三个原因决定了管理科学化仍是管理学发展的主流方向:①职业化的管理科学研究队伍日益扩大,系统的管理科学教育不断发展,不仅促进管理科学知识创新,而且为管理科学知识在企业管理实践中的应用奠定了重要的人力资源基础,从而加速了管理科学化的进程。②科学研究方法和工具不断创新和完善,将使得科学方法在管理领域中的应用范围逐步拓展,从而促进管理科学化的进程。③管理研究的专业化分工、专业管理咨询队伍的出现,一方面促进了管理科学知识在管理实践的应用,另一方面也激发了管理实践对管理科学知识的更大需求,保证了管理学科学性的提高,从而促进了管理科学化进程。当然,管理学研究对象的复杂性决定管理领域中总会有科学方法无法解决的问题,科学方法将无法完全取代非科学方法,但管理科学化的进程却是不断推进的,管理科学化的发展方向是必然的,管理科学化是管理学发展的主流方向。

管理学研究方法进步与管理科学化推进的相互作用机理是管理科学化进程与管理学研究方法的发展是相互促进的:一方面,管理学研究方法的进步推进管理科学化进程;另一方面,管理科学化进程的推进又促进管理研究方法的进步。

管理学研究方法的进步推进管理科学化进程。具体表现在:①管理学研究方法的进步促使管理学科研究程序规范化,推进管理科学化进程,使管理研究者以科学、理性的态度和方法思考、研究管理现象和问题,探索管理活动规律,创新管理科学知识,推进管理科学化进程。如泰勒进行三大试验解决提高劳动生产率问题运用的就是证实法,推进了管理科学化进程;同样,梅奥在证伪法的指导下进行"霍桑试验",使管理科学化进程推进至行为科学阶段。②管理学研究方法的进步拓展管理科学的应用范围,推进管理科学化进程。伴随技术进步而不断进步的管理学研究方法逐步拓展管理科学的应用范围,进而推进管理科学化进程,如针对复杂性和复杂系统问题,管理学者运用伴随着信息技术的发展而产生的复杂性理论方法,把管理问题看成一个复杂系统问题,解决了许多用一般方法解决不了的管理实践问题,在很大程度上拓展了管理科学的应用范围,从而推进了管理科学化进程。③管理学研究方法的进步丰富管理科学学科的内容,推进管理科学化进程。管理学的研究方法是管理科学学科内容的重要组成部分,其发展进步将逐步完善丰富管理学学科的内容,提高管理学学科的科学属性,促进管理学学科发展,促使管理学知识有效积累和系统化,进而推进管理科学化进程,如孔茨论述的管理学 11 个学派,实质就是 11 种管理学研究方法。这些学派或方法的产生和发展,完善和丰富了管理学学科的内容,推进了管理科学化的进程。

管理科学化进程的推进促进管理研究方法的进步。管理科学化进程的推进为管理研究方法的进步提供“需求拉力”。随着管理科学化进程的不断推进,管理实践和现象的不断发展变化,现有的研究方法逐步不能适应其发展,这就从客观上为管理研究方法的进步提供了“需求拉力”,从而推进管理研究方法的进步,如 20 世纪 90 年代以后,管理职能领域伴随信息技术的应用产生了巨大发展,原有的研究方法显然已不能适应其发展,在管理科学化进程“需求拉力”的推动下产生了诸如硬系统思考方法、系统动力学方法、组织控制论方法、复杂性理论方法、基本假设表面化与检验方法、交互式规划方法等新的管理学研究方法。管理科学化进程的推进提供科学文化氛围,促进管理研究方法的进步。随着百余年管理科学化进程的推进,不仅产生了一系列科学管理理论和方法,更形成了一种追求管理有序化、规范化和科学化的管理科学文化氛围,管理科学化作为管理学发展主流命题,逐步为越来越多的管理研究者和管理实践者所接受,他们在进行管理研究和实践的工作中自然自觉地应用和发展管理研究方法,从而促进管理研究方法的进步。

管理科学化进程的推进将促进管理学研究方法体系的发展。20 世纪中期以来,管理科学研究因为来自各学科的专家以自己所熟悉的分析方法进行研究,导致学派林立,显示了管理学研究方法体系呈现出一种散乱和不一致性,使得管理科学不像一个严密演绎的科学体系,没有自己的公理,像一个充斥着各种管理论断的大拼盘,引起管理学“弱科学性”和是否有“普适性”之争。通过上文分析,我们可以知道管理科学化的进程并没有停滞,管理科学化仍是管理学发展的主流方向。随着管理科学化进程的不断推进,客观上要求构建与其相适应的研究方法体系,同时管理科学化的推进也为管理学研究方法体系的建立提供“需求引力”和科学文化氛围,所以,管理科学化进程的不断推进将促进管理学研究方法体系不断向前发展。

2.1.1　泰勒的科学管理理论

1) 管理思想简介

泰勒 1878—1897 年在美国米德瓦尔钢铁厂工作期间,他感到当时的企业管理当局不懂用科学方法来进行管理,不懂工作程序、劳动节奏和疲劳因素对劳动生产率的影响;而工人则缺少训练,没有正确的操作方法和适用工具,这都大大影响了劳动生产率的提高。为了改进管理,他在米德瓦尔钢铁厂进行了各种实验,如 1881 年进行了两项“金属切削试验”,试验结果发现了能大大提高金属切削机工产量的高速工具钢,并取得了各种机床适当的转速和进刀量,以及切削用量标准等资料,还研究出每个金属切削工人工作日的合适工作量,给工人制定了一套工作量标准。1898 年,泰勒受雇于伯利恒钢铁公司期间,进行了著名的"搬运生铁块试验"和"铁锹实验"。搬运生铁块试验是在这家公司的 5 座高炉产品搬运班组大约 75 名工人中进行的。由于这一研究,改进了操作方法,训练了工人,其结果使生铁块的搬运效率提高了 3 倍。铁锹试验首先系统地研究了铲口的负载应为多大问题,其次研究的是各种材料能够达到标准负载的锹的形状、规格问题,与此同时还研究了各种原料装锹的最好方法问题,此外还对每一套动作的精确时间做了研究,从而提出了一个"一流工人"每天应该完成的工作量。这一研究的结果是非常出色的。堆料场的劳动力从 400~600 人减少到 140 人。平均每人每天的操作量从 16 吨提高到 59 吨,每个工人的日工资从 1.15 美元提高到 1.88 美元。综上所述,这些试验集中于"动作""工时"的研究以及工具、材料和工作环境等标准化研究,并根据这些成果制定了每日比较科学的工作定额和为完成这些定额的标准化工具。

2) 主要内容

提高效率。泰勒认为,要制造出有科学依据的工人的"合理的日工作量",就必须进行工时和动作研究。方法是选择技术熟练的工人,把他们的每一项动作、每一道工序所使用的时间记录下来,加上必要的休息时间和其他延误时间,就得出完成该项工作所需要的总时间,据此定出一个工人"合理的日工作量"。为了提高劳动生产率,必须为工作挑选"第一流的工人"。所谓第一流的工人,泰勒认为"每一种类型的工人都能找到某些工作使他成为第一流的,除了那些完全能做好这项工作而不愿去做的人"。在制定工作定额时,泰勒是以"第一流的工人在不损害其健康的情况下维护较长年限的速度"为标准的。这种速度不是以突击活动或持续紧张为基础,而是以工人能长期维持正常速度为基础。管理当局的责任在于为雇员找到最合适的工作,培训他成为第一流的工人,激励他尽最大的努力来工作。

劳动方法标准化。劳动方法标准化就是把工人多年积累起来的知识和技艺进行收集、记录、整理,加以研究,归纳成规律、规则,并对工人的劳动操作与劳动时间进行实验研究,建立起科学的作业方法,以代替过去凭各个工人的经验进行作业的方法。具体做法是:采用时间研究和动作研究的方法,制定出标准的作业方法,实行作业所需的各种工具和作业环境的标准化,按照标准的作业方法和合理的组织与安排,确定工人一天必须完成的标准的工作量。差别计件工资制度就是确定两种不同的工资率,对完成和超额完成工作定额的工人,以较高的工资率计件支付工资;对完不成工作定额的工人,则以较低的工资率支付工资,甚至使他们得不到基本的日工资。

管理职能专业化。一方面,泰勒主张明确划分计划职能与执行职能,由专门的计划部门来从事调查研究,为定额和操作方法提供科学依据,制定科学的定额和标准化的操作方法及工具,拟订计划并发布指示和命令,比较"标准"和"实际情况",进行有效的控制工作。至于现场的工人,则按照计划部门制定的操作方法和指示,使用规定的标准工具,从事实际的操作,不得自行改变,即计划职能同执行职能分开。另一方面,泰勒主张实行职能管理,将管理的工作予以细分,使所有的管理者只承担一种职能。他设计出八个职能工长,代替原来的一个职能工长,其中四个在计划部门,四个在车间,每个职能工长负责某一方面的工作。在其职能范围内,可以直接向工人发出命令。后来的事实表明,一个工人同时接受几个职能工长的多头领导,容易引起混乱,所以"职能工长制"没有得到推广,但泰勒的这种职能管理思想为以后职能部门的建立和管理的专业化提供了参考。

泰勒对科学管理作了这样的定义,他说:"诸种要素——不是个别要素的结合,构成了科学管理,它可以概括如下:科学,不是单凭经验的方法。协调,不是不和别人合作,不是个人主义。最高的产量,取代有限的产量。发挥每个人最高的效率,实现最大的富裕。"这个定义,既阐明了科学管理的真正内涵,又综合反映了泰勒的科学管理思想。

3) 思想精要

(1) 工作定额原理

在当时美国的企业中,由于普遍实行经验管理,由此造成一个突出的矛盾,就是资本家不知道工人一天到底能干多少活,但总嫌工人干活少,拿工资多,于是就往往通过延长劳动时间、增加劳动强度来加重对工人的剥削。而工人,也不确切知道自己一天到底能干多少活,但总认为自己干活多,拿工资少。当资本家加重对工人的剥削,工人就用"磨洋工"消极对抗,这样企业的劳动生产率当然不会高。泰勒认为管理的中心问题是提高劳动生产率。为了改善工作表现,他提出企业要设立一个专门制定定额的部门或机构,这样的机构不但在管理上是必要的,而且在经济上也是合算的。要制定出有科学依据的工人的"合理日工作量",就必须通过各种试验和测量,进行劳动动作研究和工作研究。其方法是选择合适且技术熟练的工人;研究这些人在工作中使用的基本操作或动作的精确序列,以及每个人所使用的工具;用秒表记录每一基本动作所需时间,加上必要的休息时间和延误时间,找出做每一步工作的最快方法;消除所有错误动作、缓慢动作和无效动作;将最快最好的动作和最佳工具组合在一起,成为一个序列,从而确定工人"合理的日工作量",即劳动定额。根据定额完成情况,实行差别计件工资制,使工人的贡献大小与工资高低紧密挂钩。在制定工作定额时,泰勒是以"第一流的工人在不损害其健康的情况下,维护较长年限的速度"为标准,这种速度不是以突击活动或持续紧张为基础,而是以工人能长期维持的正常速度为基础。通过对个人作业的详细检查,在确定做某件事的每一步操作和行动之后,泰勒能够确定出完成某项工作的最佳时间。有了这种信息,管理者就可以判断出工人是否干得很出色。

(2) 挑选头等工人

为了提高劳动生产率,必须为工作挑选头等工人,既是泰勒在《科学管理原理》中提出的一个重要思想,也是他为企业的人事管理提出的一条重要原则。泰勒指出,健全的人事管理的基本原则是使工人的能力同工作相适应,企业管理当局的责任在于为雇员找到最合适的工作,培训他们成为第一流的工人,激励他们尽最大的力量来工作。为了挖掘人的最大潜力,还必须做到人尽其才。因为每个人都具有不同的才能,不是每个人都适合于做任何一项工作的,这和人的性格特点、个人特长有着密切的关系。

为了最大限度地提高生产率,对某一项工作,必须找出最适宜干这项工作的人,同时还要最大限度地挖掘最适宜于这项工作的人的最大潜力,才有可能达到最高效率。因此对任何一项工作必须要挑选出"第一流的工人"即头等工人。然后再对第一流的工人利用作业原理和时间原理进行动作优化,使其达到最高效率。对于第一流的工人,泰勒是这样说明的:"我认为那些能够工作而不想工作的人不能成为我所说的'第一流的工人'。我曾试图阐明每一种类型的工人都能找到某些工作,使他成为第一流的工人,除了那些完全能做这些工作而不愿做的人"。所以泰勒指出,人具有不同的天赋和才能,只要工作合适,都能成为第一流的工人。而所谓"非第一流的工人",泰勒认为只是指那些体力或智力不适合他们工作的人,或那些虽然工作合适但不愿努力工作的人。总之,泰勒所说的第一流的工人,就是指那些最适合又最愿意干某种工作的人。所谓挑选第一流工人,就是指在企业人事管理中,要把合适的人安排到合适的岗位上。只有做到这一点,才能充分发挥人的潜能,才能促进劳动生产率的提高。这样,重活、体力活,让力气大的人做,而精细的活让细心的人来做。对于如何使工人成为第一流工人,泰勒不同意传统的由工人挑选工作,并根据各自的可能进行自我培训的方法,而是提出管理人员要主动承担这一责任,科学选择并不断地培训工人。泰勒指出:"管理人员的责任是细致地研究每一个工人的性格、脾气和工作表现,找出他们的能力;更重要的是发现每一个工人向前发展的可能性,并且逐步地系统地训练,帮助和指导每个工人,为他们提供上进的机会。这样,使工人在雇用他的公司里,能担任最高、最有兴趣、最有利、最适合他们能力的工作。这种科学地选择与培训工人并不是一次性的行动,而是每年要进行的,是管理人员要不断加以探讨的课题"。在进行搬运生铁的试验后,泰勒指出:现在可以清楚的是,甚至在已知的最原始的工种上,也有一种科学。如果仔细挑选了最适宜于干这类活计的工人,而又发现了干活的科学规律,仔细选出来的工人已培训得能按照这种科学规律去干活,那么所得的结果必然会比那些在"积极性加刺激性"的计划下工作的结果丰硕得多。可见,挑选第一流工人的原则,是对任何管理都普遍适用的原则。

(3)标准化原理

泰勒认为,科学管理是过去曾存在的多种要素的结合。他把老的知识收集起来加以分析组合并归类成规律和条例,于是构成了一种科学。工人提高劳动生产率的潜力是非常大的,人的潜力不会自动跑出来,怎样才能最大限度地挖掘这种潜力呢?方法就是把工人多年积累的经验知识和传统的技巧归纳整理并结合起来,然后进行分析比较,从中找出其具有共性和规律性的东西,然后利用上述原理将其标准化,这样就形成了科学的方法。用这一方法对工人的操作方法、使用的工具、劳动和休息的时间进行合理搭配,同时对机器安排、环境因素等进行改进,消除种种不合理的因素,把最好的因素结合起来,这就形成一种最好的方法。泰勒还进一步指出,管理人员的首要责任就是把过去工人自己通过长期实践积累的大量的传统知识、技能和诀窍集中起来,并主动把这些传统的经验收集起来、记录下来、编成表格,然后将它们概括为规律和守则,有些甚至概括为数学公式,然后将这些规律、守则、公式在全厂实行。在经验管理的情况下,对工人在劳动中使用什么样的工具、怎样操作机器,缺乏科学研究,没有统一标准,而只是凭师傅教徒弟的传授或个人在实际中摸索。

泰勒认为,在科学管理的情况下,要想用科学知识代替个人经验,一个很重要的措施就是实行工具标准化、操作标准化、劳动动作标准化、劳动环境标准化等标准化管理。这是因为,只有实行标准化,才能使工人使用更有效的工具,采用更有效的工作方法,从而达到提高劳动生产率的目的;只有实现标准化,才能使工人在标准设备、标准条件下工作,才能对其工作成绩进行公正合理的衡量。要让每个人都用正确的方法作业,对工人操作的每一个动作进行科学研究,用以代替传统的经验方法。为此应把每次操作分解成许多动作,并继而把动作细分为动素,即动作是由哪几个动作要素所组成的,然后再研究每项动作的必要性和合理性,去掉那些不合理的动作要素,并对保留下来的必要成分,依据经济合理的原则,加以改进和合并,以形成标准的作业方法。在动作分解与作业分析的基础上进一步观察和分析工人完成每项动作所需要的时间,考虑到满足一些生理需要的时间和不可避免的情况而耽误的时间,为标准作业的方法制定标准的作业时间,以便确定工人的劳动定额,即一天合理的工作量。

泰勒不仅提出了实行标准化的主张,而且也为标准化的制定进行了积极的试验。在搬运生铁的试验中,泰勒得出一个适合做搬运工作的工人,在正常情况下,一天至少可搬47.5吨铁块的结论;在铁锹试验中,他得出铁锹每次铲物重21磅时,劳动效率最高的结论;在长达26年的金属切削试验中,他得出影响切割速度的12个变数及其反映它们之间相关关系的数学公式等,为工作标准化、工具标准化和操作标准化的制定提供了科学的依据。所以,泰勒认为标准化对劳资双方都是有利的,不仅每个工人的产量大大增加,工作质量大为提高,得到更高的工资,而且使工人建立一种用科学的工作方法,使公司获得更多的利润。

(4)计件工资制

在差别计件工资制提出之前,泰勒详细研究了当时资本主义企业中所推行的工资制度,例如日工资制和一般计件工资制等,其中也包括对在他之前由美国管理学家亨利·汤提出的劳资双方收益共享制度和弗雷德里克·哈尔西提出的工资加超产奖金的制度。经过分析,泰勒对这些工资方案的管理方式都不满意。泰勒认为,现行工资制度所存在的共同缺陷,就是不能充分调动职工的积极性,不能满足效率最高的原则。例如,实行日工资制,工资实际是按职务或岗位发放,这样在同一职务和岗位上的人不免产生平均主义。在这种情况下,"就算最有进取心的工人,不久也会发现努力工作对他没有好处,最好的办法是尽量减少做工而仍能保持他的地位"。这就不可避免地将大家的工作拖到中等以下的水平。又如在传统的计件工资制中,虽然工人在一定范围内可以多劳多得,但超过一定范围,资本家为了分享迅速生产带来的利益,就要降低工资率。在这种情况下,尽管工人努力工作,也只能获得比原来计日工资略多一点的收入。这就容易导致:尽管管理者千方百计地使工人增加产量,而工人则会控制工作速度,使他们的收入不超过某一个工资率。因为工人知道,一旦他们的工作速度超过了这个数量,计件工资迟早会降低。于是,泰勒在1895年提出了一种具有很大刺激性的报酬制度——"差别工资制"方案。其主要内容是:

①设立专门的制定定额部门。这个部门的主要任务是通过计件和工时的研究,进行科学的测量和计算,制定一个标准制度,以确定合理的劳动定额和恰当的工资率,从而改变过去那种以估计和经验为依据的方法。

②制定差别工资率。即按照工人是否完成定额而采用不同的工资率。如果工人能够保质保量地完成定额,就按高的工资率付酬,以资鼓励;如果工人的生产没有达到定额就将全部工作量按低的工资率付给,并给以警告,如不改进,就要被解雇。

③工资支付的对象是工人,而不是职位和工种,也就是说,每个人的工资尽可能地按他的技能和工作所付出的劳动来计算,而不是按他的职位来计算。其目的是克服工人"磨洋工"现象,同时也是为了调动工人的积极性。要对每个人在准时上班、出勤率、诚实、快捷、技能及准确程度方面做出系统和细微的记录,然后根据这些记录不断调整他们的工资。

泰勒为他所提出的差别计件工资制,总结了许多优点,其中最主要的是以下三点:第一,有利于充分发挥个人积极性,有利于提高劳动生产率,能够真正实现"高工资和低劳动成本"。第二,由于制定计件工资制与日工资率是经过正确观察和科学测定的,又能真正做到多劳多得,因此这种制度就能更加公平地对待工人。第三,能够迅速地清除所有低能的工人,吸收适合的工人来工作。因为只有真正好的工人,才能做到又快又准确,可以取得高工资率。泰勒认为这是实行差别计件工资制最大的优点。为此，泰勒在总结差别计件工资制实施情况时说："制度（差别计件工资制）对工人士气影响的效果是显著的。当工人们感觉受到公正的对待时，就会更加英勇、更加坦率和更加诚实，他们会更加愉快地工作，在工人之间和工人与雇主之间建立互相帮助的关系。"

（5）劳资双方的密切合作

泰勒指出，必须使劳资双方实行"一次完全的思想革命"和"观念上的伟大转变"。泰勒在《在美国国会的证词》中指出："科学管理不是任何一种效率措施，不是一种取得效率的措施；也不是一批或一组取得效率的措施；它不是一种新的成本核算制度；它不是一种新的工资制度；它不是一种计件工资制度；它不是一种分红制度；它不是一种奖金制度；它不是一种向职工支付报酬的方式；它不是时间研究；它不是动作研究……我相信它们，但我强调指出这些措施都不是科学管理，它们是科学管理的有用附件，因而也是其他管理的有用附件。"

泰勒进一步宣称，"科学管理在实质上包含着要求在任何一个具体机构或工业中工作的工人进行一场全面心理革命——要求他们在对待工作、同伴和雇主的义务上进行一种全面的心理革命。此外，科学管理也要求管理部门的人——工长、监工、企业所有人、董事会——进行一场全面的心理革命，要求他们在对管理部门的同事、对他们的工人和所有日常问题的责任上进行一场全面的心理革命。没有双方的这种全面的心理革命，科学管理就不能存在"。"在科学管理中，劳资双方在思想上要发生的大革命就是：双方不再把注意力放在盈余分配上，不再把盈余分配看作最重要的事情。他们将注意力转向增加盈余的数量上，使盈余增加到使如何分配盈余的争论成为不必要。他们将会明白，当他们停止互相对抗，转为向一个方面并肩前进时，他们的共同努力所创造出来的盈利会大得惊人。他们会懂得，当他们用友谊合作、互相帮助来代替敌对情绪时，通过共同努力，就能创造出比过去大得多的盈余。"也就是说，要使劳资双方进行密切合作，关键不在于制定什么制度和方法，而是要实行劳资双方在思想和观念上的根本转变。如果劳资双方都把注意力放在提高劳动生产率上，劳动生产率提高后，不仅工人可以多拿工资，而且资本家也可以多拿利润，从而可以实现双方"最大限度的富裕"。

（6）建立专门计划层

泰勒指出："在老体制下，所有工作程序都由工人凭他个人或师傅的经验去干，工作效率由工人自己决定。"由于这与工人的熟练程度和个人的心态有关，即使工人能十分适应科学数据的使用，但要他同时在机器和写字台上工作，实际是不可能的。泰勒深信这不是最高效率，必须用科学的方法来改变。为此，泰勒主张："由资方按科学规律去办事，要均分资方和工人之间的工作和职责"，要把计划职能与执行职能分开并在企业设立专门的计划机构。泰勒在《工厂管理》一书中为专门设立的计划部门规定了17项主要负责的工作，包括企业生产管理、设备管理、库存管理、成本管理、安全管理、技术管理、劳动管理、营销管理等各个方面。所以，泰勒所谓的计划职能与执行职能分开，实际是把管理职能与执行职能分开；所谓设置专门的计划部门，实际是设置专门的管理部门；所谓"均分资方和工人之间的工作和职责"，实际是说让资方承担管理职责，让工人承担执行职责。这也就进一步明确了资方与工人之间、管理者与被管理者之间的关系。

泰勒把计划的职能和执行的职能分开，改变了凭经验工作的方法，而代之以科学的工作方法，即找出标准，制定标准，然后按标准办事。要确保管理任务的完成，应由专门的计划部门来承担找出和制定标准的工作。具体说来,计划部门要从事全部的计划工作并对工人发布命令,其主要任务是:①进行调查研究并以此作为确定定额和操作方法的依据。②制定有科学依据的定额和标准化的操作方法和工具。③拟订计划并发布指令和命令。④把标准和实际情况进行比较,以便进行有效的控制等工作。在现场,工人或工头则从事执行的职能,按照计划部门制定的操作方法的指示,使用规定的标准工具,从事实际操作,不能自作主张、自行其是。泰勒的这种管理方法使得管理思想的发展向前迈出了一大步,将分工理论进一步拓展到管理领域。

(7)职能工长制

职能工长制是根据工人的具体操作过程进一步对分工进行细化而形成的。他认为这种职能工长制度有三个优点:①每个职能工长只承担某项职能,职责单一,对管理者培训花费的时间较少,有利于发挥每个人的专长。②管理人员的职能明确,容易提高效率。③由于作业计划由计划部门拟订,工具和作业方法标准化,车间现场工长只负责现场指挥与监督,因此非熟练技术的工人也可以从事较复杂的工作,从而降低了整个企业的生产费用。尽管泰勒认为职能工长制有许多优点,但后来的事实也证明,这种单纯"职能型"的组织结构容易形成多头领导,造成管理混乱。所以,泰勒的这一设想虽然对以后职能部门的建立和管理职能的专业化有较大的影响,但并未真正实行。

(8)例外原则

所谓例外原则,就是指企业的高级管理人员把一般日常事务授权给下属管理人员,而自己保留对例外的事项,一般也是重要事项的决策权和控制权,这种例外的原则至今仍然是管理中极为重要的原则之一。泰勒认为,规模较大的企业不能只依据职能原则来组织和管理,而必须应用例外原则。所谓例外原则,是指企业的高级管理人员把一般的日常事务授权给下级管理人员去负责处理,而自己只保留对例外事项、重要事项的决策和监督权,如重大的企业战略问题和重要的人员更替问题等。泰勒在《工厂管理》一书中曾指出:"经理只接受有关超常规或标准的所有例外情况,特别好和特别坏的例外情况,概括性的、压缩的及比较的报告,以便使他得以有时间考虑大政方针并研究他手下的重要人员的性格和合适性。"泰勒提出的这种以例外原则为依据的管理控制方式,后来发展为管理上授权原则、分权化原则和实行事业部制等管理体制。

2.1.2 法约尔的一般管理理论

1)管理要素

法约尔认为"管理的过程就是预测、计划、组织、指挥、协调、控制的过程"。法约尔认为管理活动由 5 种要素构成,即计划、组织、协调、指挥、控制。这是法约尔在管理学理论上最突出的贡献。它奠定了管理学的基础,建立了管理学的主要框架。

(1)计划

计划就是探索未来,制订行动方案,计划是法约尔着重强调的一个重要因素。他认为制订计划需要组织中所有人的共同参与。一个良好的计划应该具有统一性、连续性、灵活性、精确性 4 个特点。法约尔还认识到了制订长期计划的重要性。

（2）组织

组织就是建立企业的物质和社会的双重结构,包括有关组织体系,结构框架,活动内容与规章制度,职工的选拔、任用、奖惩、培训。组织可以分为物质的和社会的组织。法约尔还认为组织中的管理人员要具备健康的体魄、旺盛的精力、良好的道德品质、优秀的教养、管理能力和一般业务知识这6种才能和条件。成员的素质和首创精神决定了组织的效率。对于职工的培训方面他主张注重管理培训,减少技术培训。

（3）指挥

简单说,就是使员工发挥自身潜力的一种领导艺术。法约尔主张在组织管理中采用参谋职能制而不是泰勒的职能工长制,这样可以确保对员工进行统一指挥。法约尔认为指挥人员应具备8个条件:①对自己的手下人员有深入的了解;②淘汰不胜任的人;③制定约束企业和员工的合同;④树立榜样;⑤定期检查账目;⑥召集主要助手参加会议以便统一指挥和集中精力;⑦不要把精力浪费在细节琐事之中;⑧要使员工保持团结努力、勇于创新的工作精神。

（4）协调

协调,即调动一切可以联合的力量实现组织目标,使企业的一切工作都和谐进行并且相互配合。法约尔认为应从3个方面对协调进行分析:①各个部门的工作是否与其他部门协调一致;②各个部门的各个部分对自己应承担的责任和彼此之间的义务是否明确清楚;③每个部门的计划是否做到随时间和其他情况的变化而有所调整。

（5）控制

控制,即根据所制订的方案、规定的原则和下达的命令检查企业的各项工作是否与之相符,目的在于及时纠正工作中出现的缺点和错误,避免重犯。为了有效控制,控制活动必须马上执行,伴以适当的奖励和惩罚。由于工作性质和对象的不同,控制应采取不同的方式。

法约尔指出,管理五要素并不仅限于企业经理或领导的个人责任,它应该与企业其他工作一样,是分配于管理者和全部组织成员之间的职能。法约尔管理五要素的提出影响了整个20世纪的管理学,以后许多管理学者在法约尔管理理论的基础上继续进行研究,逐渐形成了管理过程学派,也被称为管理职能学派,法约尔则是这一学派的奠基人。法约尔还指出,不要把管理同领导混为一谈,领导是从企业拥有的资源中寻求获得尽可能大的收益,引导企业达到既定目标,保证企业各类工作顺利进行的高层次工作。

2）管理的 14 项原则

法约尔根据自己多年的管理实践总结出了著名的 14 项管理原则。这些原则是任何一个管理人员在管理过程中都会遇见的,既普遍又重要,今天仍然是管理者在实践中所遵循的,也是管理学者一直关注和研究的主题。

（1）劳动分工

法约尔认为劳动分工是属于自然规律的范畴,是关于劳动专业化的古典概念,实行劳动的专业化分工可以提高人们的工作效率,一样的劳动由于进行了劳动分工可以得到更多的东西。法约尔认为劳动分工不仅适用于技术工作,在管理方面和职能的权限划分方面也同样适用。但需要注意的是专业化分工要有一定的限度,不能超出这个限度,如果分工过细或过粗,效果都不好。

（2）权力和责任

法约尔把权力分为个人权力和正式权力。前者与管理人员的智慧、经验、学识、道德品质、管理能力、以往成绩等因素有关。后者则是由管理者所处的职位和职务所决定的。一个出色的管理者应该学会用个人权力弥补正式权力的不足，把个人权力作为正式权力的必要补充。一个人在组织中的地位越高，明确其责任范围就越难。避免滥用权力的最好方法是提高领导者个人素质，尤其是要提高其道德素质。对于责任，法约尔指出："权力是责任的孪生物，责任是权力的当然结果和必要补充，凡有权力行使的地方就有责任的存在。"为了贯彻权力与责任相符的原则，应该建立有效的奖惩制度，用来鼓励好的行为，制止不良行为的发生。

（3）纪律

纪律是以尊重而非恐惧为基础的。纪律是企业领导人同下属员工之间在服从、积极、勤勉、举止和尊敬等方面所达成的一种协议。纪律包含两个方面：一是纪律协定，二是人们对纪律协定的态度及遵守情况。纪律是一个企业取得成功的关键。一个企业要有良好的纪律应做到以下 3 点：①要有好的各级领导；②要有尽可能明确而又公平的纪律协定；③奖惩的执行必须合理。纪律是由领导人制定的，组织的纪律状况取决于领导人的品德状况。不良的纪律往往由不良的领导造成，因此领导也要和下属人员一样，必须接受纪律的约束，遵守纪律。

（4）统一指挥

法约尔在这方面产生了与泰勒截然相反的观点，泰勒的分权制是法约尔绝不容许的，他对职能工长制极力反对。他认为无论什么时候，什么工作，一个下属都应接受而且只应接受一个上级的命令。如果没有统一指挥，那么权力将遭到损害，纪律也会受到破坏，秩序和稳定也会受到威胁。如果组织中有 2 位领导对同一个人或事下达了不同的命令，将会使下属人员无所适从，造成组织活动出现紊乱。因此，必须避免出现多重指挥的现象。

（5）统一领导

统一领导是指具有同一目标的全部活动，仅应有一个领导者和一项方案。统一领导与统一指挥既有区别又有联系，统一指挥是一个下属人员只能听从一个领导者的指挥，而统一领导则是指组织机构设置的问题，即人们可以通过建立完善的组织机构来实现一个社会团体的统一领导，充分发挥员工的作用。

（6）个人利益服从集体利益

个人利益与集体利益之间是一场持久的较量。在一个企业中，个人利益不能置于企业利益之上。为了贯彻这一原则，企业目标应尽可能多地包含个人目标，在企业目标实现的同时满足个人的合理需求；企业领导人要以身作则，起模范带头作用，以集体利益为重；对员工进行教育，努力使其做到当个人利益与集体利益发生冲突时，优先考虑集体利益。

（7）人员的报酬

报酬制度应当首先考虑能够维持职工的最低生活消费，其次要考虑企业的资本经营状况，然后再结合员工劳动贡献的多少，制定一个公平合理的报酬制度，人员报酬应符合 3 个条件：①报酬要公平；②奖励努力工作的员工；③报酬要有一个合理的限度。

（8）适当集权与分权

管理的集权与分权本身并没有好坏之分，适合企业发展就是好的，只是需要把握好一个尺度的问题,即掌握好集权与分权的尺度。一个组织,必须有某种程度的集权,问题是合适的集权程度是什么。合适的集权程度是由领导者的能力、员工素质、企业领导对发挥下属工作积极性的态度等因素决定的。这些因素总是在不断变化的,因此,一个机构的最合适的集权程度也要根据因素变化和组织的实际情况发生相应的变化。

(9)等级制度

等级制度就是从企业的最高领导层到基层管理人员的管理系列。等级制度一方面表明组织中各个层级之间的权力关系,另一方面也可以表明组织中信息传递的通道,在一个正式组织中,信息的传递是按照组织的等级系列进行的,贯彻等级系列原则有利于组织加强统一指挥,但是有时候可能会因为信息沟通的路线太长而延误了信息传递的速度,甚至会出现信息在传递过程中的失真现象。为了既能维护统一指挥原则,又能避免这种信息的延误和失真问题,法约尔提出了著名的"跳板原则",即在相同层次的人员之间也要有直接联系,在需要沟通的2个部门之间建立一个"跳板",建立沟通的渠道。在一个等级制度表现为I—A—s双梯形式的企业里,要使F部门与P部门信息传递,这就需要沿着等级路线:F—A—P—A—F,且每一级都要进行停顿,这样传递的时间较长,会影响信息传递的准确性和及时性。如果可以通过"F—P"这一跳板,使F直接P,问题就简单多了,而且效率也高多了,只要F与P的直接领导人E和O同意他们直接联系,等级制度就得到了捍卫,如果F、P立即向O、E汇报他们所共同商定的事情,整个情况都完全合乎规则。只要F、P双方意见一致,而且他们的活动都得到了他们直接领导人的同意,这种直接关系可以继续下去,他们协作一旦中止,或他们的直接领导人不再同意了,这种直接关系就中断,而等级线路又恢复了原样。法约尔认为"跳板"原则简单、迅速,而且可靠,它减少了信息失真和时间延误,既维护了统一指挥原则,又大大地提高了组织的工作效率,但是,必须事先请示,事后报告。在实际工作当中,违反"跳板"原则的现象屡见不鲜,怕负责任是这种现象的主要原因,换句话说,领导人管理能力不够是"跳板"原则的主要原因。

(10)秩序

秩序包括物的秩序及人的秩序。不仅要物归其位,而且要让适当的人从事适当的工作。秩序原则既适用于物质的管理,也适用于对人的管理。每一个人都应该被安排在最适合发挥作用的工作岗位上。贯彻秩序原则时要注意防止表面上整齐而实际混乱的现象发生,法约尔认为要使人们做到内外统一,就要对企业的社会需要与资源有确切的了解。另外,还要慎重选人用人,消除任人唯亲,做到知人善任,利用好人才。

(11)公平

法约尔认为:"公平,就是'善意'加上'公道'。"公道是执行已订立的协定。领导人为了激励下属人员全心全意地做好工作及对组织忠诚,就要善意地对待下属,鼓励他们忠诚地履行自己的职责。在实际的工作过程中,由于受各种因素变化的影响,原来的公道协定可能会变成不公道的协定,导致工作努力得不到公正的体现,如不及时改变这种状况,就会打击员工的工作积极性。作为领导者应重视员工在工作中希望公平和受到鼓励的愿望,努力做到公正、合理、善意地对待员工。

(12)保持员工的稳定

员工从事的工作需要一定的时间来熟悉和了解,不要轻易变动,如果他刚刚对自己的工作熟悉一些就被调离,那么他就没有时间和办法为组织提供良好的服务。管理人员尤其如此,他们熟悉工作往往需要很长的时间,因此,一个成功企业的员工和领导人员必须是相对稳定的。人员变动频繁的企业或组织是很难成功的。当然,人员的稳定是相对的,对于企业而言,关键是要把握好人员流动的合适尺度,保持企业员工的稳定性与适应性。

(13)首创精神

首创精神,就是鼓励员工在工作中发挥自己的聪明才智,提出具有创造性想法或有所发明、有所创造。它能够带给员工极大的快乐和满足,也是激励员工努力工作的最大动力之一。企业的领导者不但自身要具有首创精神,而且更应该肯定和激励员工的首创精神。

(14)团结精神

法约尔强调,不团结对企业的生存和发展是极为有害的,企业中的员工往往由于管理能力的缺乏,有私心的人由于追求个人利益而忽视或忘记了组织的团结。组织的集体精神的强弱取决于这个组织内部员工之间是否和谐团结。为了加强组织的团结,培养员工的集体精神,最有效的方法是遵守统一指挥原则,加强组织内部交流,鼓励交流与沟通。一个企业全体成员的和谐与团结是这个企业发展的巨大力量,领导者有责任尽一切努力保持和维护组织内部成员的团结。

法约尔的 14 项管理原则可以适用于一切管理活动,其实质内容在于统一指挥和等级制度。这些原则不是呆板的,而是灵活的,重要的是尺度的把握问题,这是一项很难掌握的管理艺术,领导者要充分运用自己的智慧、经验、洞察力和判断能力去适当运用这些原则管理好自己的企业。

2.1.3　韦伯的行政组织理论

马克斯·韦伯是德国著名的社会学家,他在 19 世纪早期的论著中提出了理想的行政管理组织理论,也就是"官僚体制"。所谓"官僚体制"是指建立于法理型控制基础上的一种现代社会所特有的、具有专业化功能以及固定规章制度、设科分层的组织管理形式,它是一种理性地设计出来,以协调众多个体活动,从而有效地完成大规模管理工作,以实现组织目标为功能的合理等级组织。这一理论对工业化以来各种不同类型的组织产生了广泛而深远的影响,成为现代大型组织广泛采用的一种组织管理方式。

韦伯认为,官僚体制是一种严密的、合理的、形同机器那样的社会组织,它具有熟练的专业活动,明确的权责划分,严格执行的规章制度,以及金字塔式的等级服从关系等特征,从而使其成为一种系统的管理技术体系。韦伯的行政组织理论的核心内容是:通过建立严格的科层制组织体系来提高行政效率,实现组织目标。行政组织理论的实质在于以科学确定的"法定的"制度规范为组织协作行为的基本约束机制,主要依靠外在于个人的、科学合理的理性权力实行管理。韦伯指出,组织管理过程中依赖的基本权力将由个人转向"法理",以理性的、正式规定的制度规范为权力中心实施管理。韦伯所提出的行政组织理论具有以下特征:劳动分工;权威等级;正式的甄选;正式的规则和法规;服从制度规定;管理者与所有者分离。

韦伯的理论所提出的科学管理体系是一种制度化、法律化、程序化和专业化的组织理论;阐明了官僚体制与社会化大生产之间的必然联系,突破了妨碍现代组织管理的以等级门第为标准的家长制管理形式;促进了管理方式的转变,消除了管理领域非理性、非科学的因素。理想的行政组织理论无论是对西方学术界,还是社会各个领域,都产生了深刻的影响,现代社会各种组织都在不同程度地按照科层制原理来建立和管理的。但是,韦伯的行政管理体制即官僚制也存在着难以克服的缺陷:他忽视了组织管理中人的主体作用,偏重从静态角度分析组织结构和组织管理,忽视了组织之间、个人与组织之间、个人之间的相互作用;突出强调了法规对于组织管理的决定作用,以及人对法规的从属和工具化性质。

2.2 20世纪30年代的行为科学理论

2.2.1 梅奥与霍桑实验

霍桑实验对古典管理理论进行了大胆的突破,第一次把管理研究的重点从工作上和从物的因素上转到人的因素上来,不仅在理论上对古典管理理论作了修正和补充,开辟了管理研究的新理论,还为现代行为科学的发展奠定了基础,而且对管理实践产生了深远的影响。

人才是企业发展的动力之源。人、财、物是企业经营管理必不可少的三大要素,而人力又是其中最为活跃,最富于创造力的因素。即便有最先进的技术设备,最完备的物质资料,没有了人的准确而全力的投入,所有的一切将毫无意义。对于人的有效管理不仅是高效利用现有物质资源的前提,而且是一切创新的最基本条件。尤其是在高科技迅猛发展的现代社会,创新是企业生存和发展的唯一路径。而创新是人才的专利,优秀的人才是企业最重要的资产。谁更有效地开发和利用了人力资源,谁就有可能在日益激烈的市场竞争中立于不败之地。但是人的创造性是有条件的,是以其能动性为前提的。硬性而机械式的管理,只能抹杀其才能。"只有满意的员工才是有生产力的员工",富有生产力的员工才是企业真正的人才,才是企业发展的动力之源。因此,企业的管理者既要做到令股东满意、顾客满意,更要做到令员工满意。针对不同的员工,不同层次的需求分别对待。要悉心分析他们的思想,了解他们的真正需要;不仅要有必要的物质需求满足,还要有更深层次的社会需求的满足,即受到尊重,受到重视,能够体现自我的存在价值。例如,在管理过程中为了满足员工的社会需求,可以加强员工参与管理的程度,通过民主管理、民主监督的机制,增加他们对企业的关注,增加其主人翁的责任感和个人成就感,将他们的个人目标和企业的经营目标完美地统一起来,从而激发出更大的工作热情,发挥其主观能动性和创造性。对于困难重重、举步维艰的企业来说,尊重人才尤为重要。要想盘活存量资产,首先要盘活现有人力资源。因为只有"活"的人才能激活"死"的资产,这是企业走出困境的唯一出路。员工不是企业的包袱,是企业自救的中坚。只有尊重他们,才能使他们发挥创造力,与企业同呼吸、共命运、共同渡过难关。

有效沟通是管理中的艺术方法。管理是讲究艺术的,对人的管理更是如此。新一代的管理者更应认识到这一点。那种高谈阔论,教训下属,以自我为中心的领导方式已不适用了。早在霍桑访谈实验中,梅奥已注意到亲善的沟通方式,不仅可以了解到员工的需求,更可以改善上下级之间的关系。从而使员工更加自愿地努力工作。倾听是一种有效的沟通方式。具有成熟智慧的管理者会认为倾听别人的意见比表现自己渊博的知识更重要。他要善于帮助和启发他人表达出自己的思想和感情,不主动发表自己的观点。善于聆听别人的意见,激发他们的创造性的思维,这样不仅可以使员工增强对管理者的信任感,还可以使管理者从中获取有用的信息,更有效地组织工作。适时地赞誉别人也是管理中极为有效的手段。在公开的场合对有贡献的员工给予恰当的称赞,会使员工增强自信心和使命感,从而努力创造更佳的业绩。采用"与人为善"的管理方式,不仅有助于营造和谐的工作气氛,而且可以提高员工的满意度,使其能继续坚持不懈地为实现企业目标而努力。

企业文化是寻求效率逻辑与感情逻辑之间的动态平衡的有效途径。发现非正式组织的存在是梅奥人际关系理论的重要贡献,作为企业的管理者,也应对此有所重视。员工不是作为一个孤立的个体而存在,而是生活在集体中的一员,他们的行为很大程度上受到集体中其他个体的影响。怎样消除非正式组织施加于员工身上的负面影响也是当代管理者必须正视的一个问题。只有个人、集体、企业三方的利益保持均衡时,才能最大限度地发挥个人的潜能。培养共同的价值观,创造积极向上的企业文化是协调好组织内部各利益群体关系,发挥组织协同效应和增加企业凝聚力最有效的途径。总之,管理不仅是对物质生产力的管理,更重要的是对有思想、有感情的人的管理。人的价值是无法估量的,是社会上最宝贵的资源,是生产力中最耀眼的明珠。只有最大限度地开发人力资源,切实树立"重视人、尊重人和理解人"的管理思维模式,企业才可能有美好灿烂的未来。

2.2.2　马斯洛的需求层次理论

1)基本观点

五种需要是最基本的,与生俱来的,构成不同的等级或水平,并成为激励和指引个体行为的力量。低级需要和高级需要的关系:马斯洛认为需求层次越低,力量越大,潜力越大。随着需要层次的上升,需要的力量相应减弱。高级需要出现之前,必须先满足低级需要。在从动物到人的进化中,高级需要出现得比较晚,婴儿有生理需要和安全需要,但自我实现需要在成人后出现;所有生物都需要食物和水分,但是只有人类才有自我实现的需要。低级需要直接关系个体的生存,也叫缺失需要,当这种需要得不到满足时直接危及生命;高级需要不是维持个体生存所绝对必须的,但是满足这种需要使人健康、长寿、精力旺盛,所以称为生长需要。高级需要比低级需要复杂,满足高级需要必须具备良好的外部条件:社会条件、经济条件、政治条件等。

马斯洛看到低级需要和高级需要的区别,他后来澄清说,满足需求不是"全有或全无"的现象,他承认,他先前的陈述可能给人一种"错误的印象,即在下一个需求出现之前,必须百分之百地满足需求"。在人的高级需要产生以前,低级需要只要部分地满足就可以了。个体对需要的追求有所不同,有的对自尊的需要超过对爱和归属的需要。

2)理论具体内容

马斯洛的五阶段模型已经扩大为八阶段,包括认知和审美需求和后来的超越需求。生理的需要包括食物、水分、空气、睡眠、性的需要等。它们在人的需要中最重要,最有力量。安全需要是人们需要稳定、安全、受到保护、有秩序、能免除恐惧和焦虑等。归属和爱的需要是一个人要求与其他人建立感情联系或关系的需要。尊重的需要被马斯洛分为两类:尊重自己(尊严、成就、掌握、独立)和对他人的名誉或尊重。认知需求即知识和理解、好奇心、探索、意义和可预测性需求。审美需求即欣赏和寻找美、平衡、形式等需要。自我实现的需要即人们追求实现自己的能力或者潜能,并使之完善化。超越需要即一个人的动机是超越个人自我的价值观。

2.2.3 赫茨伯格的双因素理论

20 世纪 50 年代末期,赫茨伯格和他的助手们在美国匹兹堡地区对 200 名工程师、会计师进行了调查访问。访问主要围绕两个问题:在工作中,哪些事项是让他们感到满意的,并估计这种积极情绪持续多长时间;又有哪些事项是让他们感到不满意的,并估计这种消极情绪持续多长时间。赫茨伯格以对这些问题的回答为材料,着手去研究哪些事情使人们在工作中快乐和满足,哪些事情造成不愉快和不满足。结果他发现,使职工感到满意的都是属于工作本身或工作内容方面的;使职工感到不满的,都是属于工作环境或工作关系方面的。他把前者称为激励因素,后者称为保健因素。

赫茨伯格的双因素理论和马斯洛的需求层次理论、麦克利兰的成就激励理论一样,重点在于试图说服员工重视某些与工作绩效有关的原因。它是目前最具争论性的激励理论之一,也许这是因为它具有两个独特的方面。首先,这个理论强调一些工作因素能导致满意感,而另外一些则只能防止产生不满意感;其次,对工作的满意感和不满意感并非存在于单一的连续体中。赫茨伯格通过考察一群会计师和工程师的工作满意感与生产率的关系,通过半有组织性的采访,他积累了影响这些人对其工作感情的各种因素的资料,表明了存在两种性质不同的因素。

激励因素包括工作本身、认可、成就和责任,这些因素涉及对工作的积极感情,又和工作本身的内容有关。这些积极感情和个人过去的成就,被人认可以及担负过的责任有关,它们的基础在于工作环境中持久的而不是短暂的成就。保健因素包括公司政策和管理、技术监督、薪水、工作条件以及人际关系等。这些因素涉及工作的消极因素,也与工作的氛围和环境有关。也就是说,对工作本身而言,这些因素是外在的,而激励因素是内在的,或者说是与工作相联系的内在因素。从某种不同的角度来看,外在因素主要取决于正式组织。只有公司承认高绩效时,它们才是相应的报酬。而诸如出色地完成任务的成就感之类的内在因素则在很大程度上属于个人的内心活动,组织政策只能产生间接的影响。例如,组织只有通过确定出色绩效的标准,才可能影响个人,使他们认为已经相当出色地完成了任务。

尽管激励因素通常是与个人对他们的工作积极感情相联系,但有时也涉及消极感情。而保健因素却几乎与积极感情无关,只会带来精神沮丧、脱离组织、缺勤等结果。赫茨伯格的理论认为,满意和不满意并非共存于单一的连续体中,而是截然分开的,这种双重的连续体意味着一个人可以同时感到满意和不满意,它还暗示着工作条件和薪金等保健因素并不能影响人们对工作的满意程度,而只能影响对工作的不满意的程度。

2.2.4 麦克格雷的 X-Y 理论

这是一对基于两种完全相反假设的理论,X 理论认为人们有消极的工作原动力,而 Y 理论则认为人们有积极的工作原动力。X 理论假设:一般人的本性是懒惰的,工作越少越好,可能的话会逃避工作。大部分人对集体(公司、机构、单位或组织等)的目标不关心,因此管理者需要以强迫、威胁处罚、指导、金钱利益等诱因激发人们的工作原动力。一般人缺少进取心,只有在指导下才愿意接受工作,因此管理者需要对他们施加压力。Y 理论假设:人们在工作上体力和脑力的投入就跟在娱乐和休闲上的投入一样,工作是很自然的事,大部分人并不抗拒工作。即使没有外界的压力和处罚的威胁,他们一样会努力工作以期达到目的,人们具有自我调节和自我监督的能力。人们愿意为集体的目标而努力,在工作上会尽最大的努力,以发挥创造力和才智,人们希望在工作上获得认同感,会自觉遵守规定。在适当的条件下,人们不仅愿意接受工作上的责任,还会寻求更大的责任。许多人具有相当高的创新能力去解决问题。在大多数的机构里面,人们的才智并没有充分发挥。持 X 理论的管理者会趋向于设定严格的规章制度,以降低员工对工作的消极性。持 Y 理论的管理者主张用人性激发的管理方式,使个人目标和组织目标一致,会趋向于对员工授予更大的权力,让员工有更大的发挥机会,以激发员工对工作的积极性。

该理论阐述了人性假设与管理理论的内在关系,即人性假设是管理理论的哲学基础;提出了"管理理论都是以人性假设为前提的"重要观点,这表明麦格雷戈已揭示了"人本管理原理"的实质。"X-Y 理论"关于"不同的人性假设在实践中就体现为不同的管理观念和行为"的观点,动态地分析了人性假设的变化对管理理论的影响,进而提出了管理理论的发展也是以人性假设的变化为前提的研究课题。"X-Y 理论"提出的管理活动中要充分调动人的积极性、主动性和创造性,实现个人目标与组织目标一体化等思想以及参与管理、丰富工作内容等方法,对现代管理理论的发展和管理水平的提高具有重要的借鉴意义。

X 理论认为人们工作本性是被动的,所以应该以"计件工资"等形式加强监管的措施;Y 理论认为人们工作本性是主动的,所以只要采取以"内在奖励"为主的重精神、轻物质等方式,就可以激励人们的工作积极性。但实际上,人们在工作中不可能存在着工作懒惰或勤勉的本性,人们工作的积极主动性主要还是决定于人们在工作中能、责、权、利是否能够统一,如果这四项有一项与其他项目不能达到统一的话,以 X 理论实施加强工作监控也就是不得不采取措施,由此员工工作动力的激发只能是靠监控的力度去体现。在 X 理论和 Y 理论相互比较优劣的过程中,应该清醒的是:以 X 理论对人的工作过程加强监控,其对人们工作动力的激发只会随监控程度强度大小而上下浮动,同时以 X 理论往往只能管得住人们外在的体力行为,却管不住人们内在的心智。而且就现代非奴隶制社会制度条件下以加强监控的方式,无论如何也不可能叫人们为工作去做自认为"不划算的事",特别是为工作去"卖命",所以单纯用 X 理论是激发不出人们工作的积极主动性的,这也就是"美国摩托罗拉"等公司为什么要实施高度放权管理的缘故,且以 X 理论为主特别不适于对那些需要高风险、高技术特别是高创造性的职业,这也是像"微软""Google"等高科技公司极力推行高福利制度的缘故。但是 Y 理论也是存在局限的,因为人是千种千样的,不可能因为你实行了某种 Y 理论措施大家就一致地有积极主动性了,所以加强监控是必须的,如果不能以监控达到奖勤罚懒、多劳多得、少劳少得的效果,其结果就难免陷入平均主义的泥潭,而平均主义难以推动人们的劳动生产率的提高。

总之,就管理方式来讲,以提高薪酬工资、加大福利、改善工作环境、授责授权等 Y 理论方式应该是推动人们工作积极主动性产生的主体方式,而作为以 X 理论实施的监控则又是保障 Y 理论公正实施不可缺少的关键。

2.2.5　威廉·大内的 Z 理论

威廉·大内在比较了日本企业和美国企业的不同的管理特点之后,参照 X 理论和 Y 理论,提出了 Z 理论,将日本的企业文化管理加以归纳。Z 理论强调管理中的文化特性,主要由信任、微妙性和亲密性所组成。根据这种理论,管理者要对员工表示信任,而信任可以激励员工以真诚的态度对待企业、对待同事,为企业忠心耿耿地工作。微妙性是指企业对员工的不同个性的了解,以便根据各自的个性和特长组成最佳搭档或团队,增强劳动率。而亲密性强调个人感情的作用,提倡在员工之间应建立一种亲密和谐的伙伴关系,为了企业的目标而共同努力。Z 理论主张以坦白、开放、沟通作为基本原则来实行"民主管理"。而在当时的美国企业里,一般来说,科长、经理等企业的管理者都一致认为,他们应该自己担起决策的责任。大多数机构实行一种"局部关系",即雇主和雇员之间有一种默契,他们之间的关系仅涉及与完成特定任务直接有关的那些活动,另外的关系就很少。而且很多工厂都是采用对个人施行物质刺激的方法,如计件制以及与增加工资有密切关系的工作鉴定制度。美国的企业中有时即使企业的效益不好,也有可能增加员工的工资。大内把这种由领导者个人决策、员工处于被动服从地位的企业称为 A 型组织。

2.3 第二次世界大战中的管理科学理论

2.3.1 管理科学的理论特征

从广义上来说,所谓管理科学是指,以科学方法应用为基础的各种管理决策理论和方法的统称,主要内容包括:运筹学、统计学、信息科学、系统科学、控制论、行为科学等。

1) 发展原因

从 20 世纪 50 年代开始,西方主要发达国家在高度工业化的同时实现了管理现代化,管理现代化所包含的内容极其广泛,主要有管理思想的现代化、管理组织的现代化、管理方法和手段的现代化等几个方面。管理现代化是一个国家现代化程度的重要标志。工业、农业、科学技术的现代化,乃至整个国民经济的现代化都离不开现代化管理,现代化管理能够有效地组织生产力要素,充分合理地利用各种资源,提高各种经济和社会活动的效率,从而成为推进现代化事业的强大动力。管理有自然属性和社会属性。管理的自然属性反映了社会劳动过程本身的要求,在分工协作条件下的社会劳动,需要通过一系列管理活动把人力、资金、物质等各种要素按照一定的方式有效地组织起来,才能顺利进行;管理的社会属性则体现了统治阶级的利益和要求,在一定的生产方式下,需要通过管理活动来维护一定的生产关系,实现一定的经济和社会目标。

在经济管理中,管理的自然属性表现为科学合理地组织生产力要素,处理和解决经济活动中物与物、人与物之间的技术联系,如生产中的配料问题、生产力布局、规划,以及机器设备的技术性能对操作者的技术水平和熟练程度的要求等,都体现自然规律和技术规律的要求,不受社会的经济基础和上层建筑的影响,而经济管理的社会属性则表现为调和完善生产关系,处理和调整人与人之间的经济利益关系,如分配体制、管理体制等,都由社会、经济规律支配。在现代经济的发展中,科学管理起着越来越重的作用,科学管理直接带来了经济效益,在物质资源有限的情况下,管理资源的作用显得尤其重要。

2）管理科学的特征

力求减少决策的个人艺术成分。依靠建立一套决策程序和数学模型以增加决策的科学性。他们将众多方案中的各种变数或因素加以数量化，利用数学工具建立数量模型研究各变数和因素之间的相互关系，寻求一个用数量表示的最优化答案。决策的过程就是建立和运用数学模型的过程。

从系统的观点研究各种功能关系。组织中的任何部分或任何功能的活动必然会影响其他的部分或功能，故评价组织中的任何决策或行动必须考虑到对整个组织的影响和所有的重要关系，正确的决策要从整个系统出发，寻求整体优化。

应用多种学科交叉配合的方法。在管理科学的研究和应用之中，除了需要数学和计算机知识以外，随具体对象的不同，还需要经济学、心理学、会计学、物理学、化学及工程技术方面的知识。

应用模型化和定量化来解决问题。管理科学将一个已确定范围的问题，按提出的目标和约束条件，把主要的因素和因果关系转变为各种符号表示的模型，同时尽可能地用定量化的技术来说明各种因素及其相互关系。

以决策为主要的着眼点，以经济效果作为评价管理行为的依据，并且以计算机作为主要的运算工具。

2.3.2　建模程序

管理模型，是对管理问题的抽象表述。其主要的因素包括管理领域、业务流程、业务规则与控制点、角色与职能。管理建模是以软件模型方式描述企业管理中所涉及的对象和要素，以及它们的属性、行为和彼此关系，管理建模强调以实用的方式来理解、设计和构架企业经营管理中各种人、财、物之间的关系。通过软件技术和 IT 基础环境的支持，能够实现传递最佳管理实践、提高企业运行效率、保证执行到位的效果。在管理研究中，常用到的管理模型有：数理统计模型、回归模型、主元分析模型、因子分析模型、聚类分析模型、判别分析模型、线性规划模型、非线性规划模型、多目标决策模型、神经网络模型、模拟决策模型等。

建立管理模型的步骤：观察问题、定义问题、建立模型、分析模型、测试结果、应用模型、反馈问题。

2.3.3　成熟的管理科学模型

1）CMM

产生于 20 世纪 80 年代中期。当时，很多软件企业在软件产品研发中，出现不能按时完成、费用超预算、质量无法满足所需的问题。经过分析，人们发现主要问题是软件厂商的软件生产过程管理不力。几个涉及软件分包商的美国军事项目超出预算，并且比计划完成的时间要晚得多，为了保证政府所采购的软件产品质量，1986 年，美国空军资助 SEI（软件工程研究所）等单位联合开发一种可用于评估软件承包商能力的方法，并给出帮助软件组织改进软件过程能力成熟度的框架。经过几年的完善，形成了软件能力成熟度模型。CMM 存在不少局限性,比如,适用于软件研发领域,忽视了软件过程之外的人力资源、企业文化、知识管理等方面;只描述了在什么阶段,不能指导如何改进等,因此后续在 CMM 基础上,不少学者和机构提出了其他模型。

2) PMS-PMMM

美国的项目管理咨询公司 Project Solutions 于 2001 年提出了项目管理成熟度模型,成功地将项目管理成熟度与美国项目管理协会 PMI 的九大知识领域结合起来。目的是提供一个项目管理系统和过程的渐进改进模型,可用于评估组织的能力并提供改进路径。目前项目管理协会(PMI)发布的现有成熟度模型列表中包含 27 个模型。PMS-PMMM 基于两个维度,第一个维度是成熟度,基本上类似 CMM 的划分,第二个维度描述了项目管理的关键领域,内容上采用了 PMI 的项目管理知识领域,按照最新版的 PMcbok,分为十大领域,每一个又可进一步分解,从而更严格、更具体地确定项目管理成熟度。不过总的来说,PMS-PMMM 模型下,自我评估可能会导致数据不准确或失真,另外,既是优点也是缺点,评估过程比较简单,只能作为一个指南。

3) K-PMMM

该模型由美国著名咨询顾问科兹纳博士 2001 年在其著作"*Strategic Planning for Project Management Using a Project Management Maturity Model*"中提出。K-PMMM 建立了一个五级项目管理成熟度模型,该模型采用问卷调查的方法,通过划分不同的分数段来评价企业的项目管理水平,K-PMMM 在建立成熟度模型时超越了单纯的项目管理考虑,而是在战略规划的高度上建立了成熟度模型。每个层次都有评估方法和评估题,可以汇总评估本梯级的成熟度,分析不足和制订改进措施,确定是否进入下一梯级。该模型的应用采用了与众不同的问卷调查方法。分不同层次给出若干客观自我评估题。针对第一层次,有 80 道类似 PMP 考试的选择题;第二层次有 20 道评分题;第三层次有 42 道选择题;第四层次有 24 道评分题;第五层次有 16 道评分题。通过这些问题的回答,可以分析、整理、判断出企业项目管理中存在的问题,为改善和提高企业的项目管理水平提供了依据。

4) P3M3

着眼于整个组织,了解它如何交付其项目、项目群和项目组合。P3M3 关注整个系统,而不仅仅是某一个过程,使组织能够评估他们的能力,绘制路线图,选择对绩效产生最大影响的关键流程领域(KPA)进行改进。P3M3 由英国政府和 Axelos 所有,第三版于 2015 年发布,通过包含贯穿每个视角的线程来提供更深入的分析和诊断。可以应用于在整个组织中进行的项目组合、计划和/或项目管理活动。

5) OPM3

组织项目管理成熟度模型(OPM3)由项目管理协会于 2003 年发布,旨在帮助项目管理从业人员和外行,了解在组织层面应用项目管理原则的影响。OPM3 模型由项目管理、项目集管理、项目组合管理三个层面组成,提供了与项目管理领域相关的近六百种最佳实践。OPM3 与其他模型的不同之处在于其对戴明持续改进模型的应用及拓展:标准化、测量、控制、持续改进。OPM3 是一个连续模型,能够指明持续改进的道路。评价因素相对来说比较完整,包含模型范畴、项目生命周期、过程改进、人员、文化、知识管理等非过程因素。缺点在于其比较复杂,难以用于同类型组织项目管理的横向比较,以及在成熟度等级评定方面适应性不高。

6) SZ-PMMM

SZ-PMMM 神舟项目管理成熟度模型,是在神舟飞船项目管理实践与探索的过程中由西北工业大学国际项目管理研究院与中国空间技术研究院于 2005 年共同开发的。虽然构建 SZ-PMMM 的初衷是针对神舟飞船项目自身及其组织环境特点为神舟飞船项目管理能力的评价与持续改进提供一种途径和方法,但在模型开发过程中也充分关注了其通用性问题,因而 SZ-PMMM 实质上是一个以“神舟”命名的具有普遍适用性的项目管理成熟度模型。该模型是由面向企业级组织和项目级组织的两个相对独立的项目管理成熟度模型组成的集成模型,突破了“项目管理成熟度即项目管理过程成熟度”的传统框架,从更广泛的领域评价项目管理成熟度;同时,关注了企业级组织中多项目间管理能力的差异性,强化了企业级组织项目管理能力提升的动力机制,对各级组织项目管理能力的评价与改进有指导意义。神舟项目管理成熟度模型包含企业级组织项目管理成熟度模型和项目级组织项目管理成熟度模型。

2.4　第二次世界大战后的管理理论丛林

2.4.1　权变管理学派

权变管理学派又被有的学者称为因地制宜理论或权变管理,是 20 世纪 60 年代末,70 年代初在美国经验主义学派的基础上发展的管理学派,该学派认为没有什么一成不变、普遍适用的“最好的”管理理论和方法,权变管理就是依托环境因素和管理思想及管理技术因素之间的变数关系来研究的一种最有效的管理方式。该学派是从系统观点来考察问题的,它的理论核心就是通过组织的各子系统内部和各子系统之间的相互联系,以及组织和它所处的环境之间的联系,来确定各种变数的关系类型和结构类型。它强调在管理中要根据组织所处的内外部条件随机应变,针对不同的具体条件寻求不同的最合适的管理模式、方案或方法。权变管理学派的主要理论包括:

1) 领导行为连续带模式

这个模式是行为科学家罗伯特·坦南鲍姆和沃伦·斯密特于 1958 年提出的。他们认为,在独裁和民主两个极端之间存在着一系列的领导行为方式,构成一个连续带。领导方式不可能固定不变,而是随着环境因素的变化而变化。领导方式不是机械地只从独裁和民主两方面进行选择,而是按客观需要将两者结合起来运用。连续带模式表示一系列民主程度不同的领导方式。有效的领导方式就是能在特定的条件下选择所需要的领导行为。领导者在选择其领导方式时,应考虑自身的能力和部属的能力。如果领导者认为部属有才干,则选择较为民主的领导方式;反之,则选择强制性的领导方式。

2) 菲德勒的权变模式

1967 年,美国华盛顿大学教授菲德勒经过 15 年的调查研究,提出了一个"有效领导的权变模式"。菲德勒认为,任何领导形态均可能有效,关键是要与环境相适应。关于影响领导效果好坏的情境因素,菲德勒认为有以下 3 个方面:领导者与被领导者的关系,工作任务的结构和领导者所处职位的固有权力。菲德勒模式表明,不存在单一的最佳领导方式,而是在一定的情境下某种领导方式可能起到最好的效果。同时,也不能只根据领导者以前的领导工作成绩来预测他能否领导得好,还应了解他以前的工作类型同现在的工作类型是否相同。

3) 路径—目标模式

最早由加拿大多伦多大学教授埃文斯于 1968 年提出,其同事 R.J.豪斯于 1971 年作了扩充和发展。该理论认为,领导者的工作是帮助下属达到他们的目标,并提供必要的指导和支持以确保各自的目标与群体或组织的总体目标相一致。"路径—目标"的概念来自于这种信念,即有效领导者通过明确指明实现工作目标的途径来帮助下属,并为下属清理各项障碍和危险。该模式的基本要点是要求领导者阐明对下属工作任务的要求,帮助下属排除实现目标的障碍,使之能顺利实现目标。在实现目标的过程中满足下属的需要和成长发展的机会。领导者在这两方面发挥的作用越大,越能提高下级对目标价值的认识,激发积极性。通过实验,豪斯认为,"高工作"和"高关系"的组合,不一定是有效的领导方式,还应考虑情境因素。

4) 领导—参与模型

1973 年美国行为学家弗隆和耶顿运用决策树的形式试图说明在何种情境中在什么程度上让下属参与决策的领导行为。他们在领导者单独决策和接受集体意见决策之间按征求和接受下属意见的程度划分出 5 种不同的领导方式,并以提问的形式按照信息来源、下属接受和执行决策的不同情况划分出 8 种情境因素,让领导者利用肯定否定式的决策树选择方法,依次从这 8 种情境因素的判断中找出最佳的领导方式。

5) 不成熟—成熟理论

美国学者克里斯·阿吉利斯认为,一个人由不成熟转变为成熟的过程,会发生 7 个方面的变化:从被动到主动、从依赖到独立、从少量的行为到能做多种的行为、从错误而浅薄的兴趣到较深而较强的兴趣、从时间知觉性短到时间知觉性较长(过去与未来)、从附属的地位到同等或优越的地位、从不明白自我到明白自我再到控制自我。他认为,由不成熟到成熟的变化是持续的、循序渐进的,一般正常的人都是随着年龄的变化,生理也不断变化,心理也由不成熟日趋成熟。因此,领导者应针对下级不同的成熟程度分别指导,对那些心理不成熟或心智迟钝的人,应使用传统的领导方式;对比较成熟的人,应该扩大个人的责任,创造一个对其有利于发挥才能和有助于成长发展的社会环境。

6) 领导生命周期理论

领导生命周期理论是一个比较新的理论,它由科曼于 1966 年首次提出,其后由赫西和布兰查德予以发展。该理论也是以俄亥俄州大学的领导行为四分图理论为依据,并与阿吉利斯的"不成熟—成熟"理论相接近,是一个三维结构的领导有效性模型。其主要观点是:领导者的风格应适应其下属的"成熟"程度。在被领导者渐趋成熟时,领导者的领导行为要作相应的调整,这样才能取得有效的领导。生命周期理论认为,随着下属由不成熟而走向成熟,领导行为应按下列程序逐步推进:高工作与低关系→高工作与高关系→低工作与高关系→低工作与低关系。相应的领导方式取决于下属的成熟程度,基本的领导方式分为 4 种:命令型(S1)——高工作与低关系,适用于低成熟度的情况;说服型(S2)——高工作与高关系,适用于较不成熟的情况;参与型(S3)——低工作与高关系,适用于比较成熟的情况;授权型(S4)——低工作与低关系,适用于高度成熟的情况。

2.4.2 麦肯锡的 7S 理论

7S 模型指出了企业在发展过程中必须全面地考虑各方面的情况,包括结构、制度、风格、员工、技能、战略、共同价值观。也就是说,企业仅具有明确的战略和深思熟虑的行动计划是远远不够的,因为企业还可能会在战略执行过程中失误。因此,战略只是其中的一个要素。在模型中,战略、结构和制度被认为是企业成功的"硬件",风格、员工、技能和共同价值观被认为是企业成功经营的"软件"。麦肯锡的 7S 模型提醒世界各国的经理们,软件和硬件同样重要,两位学者指出,各公司长期以来忽略的人性,如非理性、固执、直觉、喜欢非正式的组织等,其实都可以加以管理,这与各公司的成败息息相关,绝不能忽略。

战略是企业根据内外环境及可取得资源的情况,为求得企业生存和长期稳定地发展,对企业发展目标、达到目标的途径和手段的总体谋划,它是企业经营思想的集中体现,是一系列战略决策的结果,同时又是制订企业规划和计划的基础。企业战略这一管理理论是 20 世纪50—60 年代由发达国家的企业经营者在社会经济、技术、产品和市场竞争的推动下,在总结自己的经营管理实践经验的基础上建立起来的。1947 年美国企业制定发展战略的只有 20%,而1970 年已经达到 100% 了。在美国进行的一项调查,有 90% 以上的企业家认为企业经营过程中最占时间、最为重要、最为困难的就是制订战略规划。可见,战略已经成为企业取得成功的重要因素,企业的经营已经进入了"战略制胜"的时代。

组织结构是企业的组织意义和组织机制赖以生存的基础,战略需要健全的组织结构来保证实施。它是企业组织的构成形式,即企业的目标、协同、人员、职位、相互关系、信息等组织要素的有效排列组合方式。就是将企业的目标任务分解到职位,再把职位综合到部门,由众多的部门组成垂直的权利系统和水平分工协作系统的一个有机的整体。组织结构是为战略实施服务的,不同的战略需要不同的组织结构与之对应,组织结构必须与战略相协调。如通用电气公司,在 20 世纪 50 年代末期,执行的是简单的事业部制,但那时企业已经开始从事大规模经营的战略。到了 20 世纪 60 年代,该公司的销售额大幅度提高,而行政管理却跟不上,造成多种经营失控,影响了利润的增长。20 世纪 70 年代初,企业重新设计了组织结构,采用了战略经营单位结构,使行政管理滞后的问题得到了解决,妥善地控制了多种经营,利润也相应地得到了提高。由此看出,企业组织结构一定要适应实施企业战略的需要,它是企业战略贯彻实施的组织保证。另外,两位学者在研究中发现简单明了是美国成功企业的组织特点,这些企业中上层的管理人员尤其少,常常可以见到不到一百个管理人员的公司在经营上百亿美元的事业。

企业的发展和战略实施需要完善的制度作为保证,而实际上各项制度又是企业精神和战略思想的具体体现。所以,在战略实施过程中,应制定与战略思想一致的制度体系,要防止制度的不配套、不协调,更要避免背离战略的制度出现。如具有创新精神的 3M 公司的创新制度,在 3M,一个人只要参加新产品创新事业的开发工作,他在公司里的职位和薪酬自然会随着产品的成绩而改变,即使开始他只是一个生产一线的工程师,如果产品打入市场,他就可以提升为产品工程师,如果产品的年销售额达到五百万美元时,他就可以成为产品线经理。这种制度极大地激发了员工创新的积极性,促进了企业发展。

杰出企业都呈现出既中央集权又地方分权的宽严并济的管理风格,他们让生产部门和产品开发部门极端自主,又固执地遵守着几项流传久远的价值观。

由于战略是企业发展的指导思想,只有企业的所有员工都领会了这种思想并用其指导实际行动,战略才能得到成功的实施。因此,战略研究不能只停留在企业高层管理者和战略研究人员这一个层次上,而应该让执行战略的所有人员都能够了解企业的整个战略意图。企业成员共同的价值观念具有导向、约束、凝聚、激励及辐射作用,可以激发全体员工的热情,统一企业成员的意志和欲望,齐心协力地为实现企业的战略目标而努力。这就需要企业在准备战略实施时,要通过各种手段进行宣传,使企业的所有成员都能够理解它、掌握它,并用它来指导自己的行动。日本在经济管理方面的一个重要经验就是注重沟通领导层和执行层的思想,使得领导层制定的战略能够顺利地、迅速付诸实施。

战略实施还需要充分的人力准备,有时战略实施的成败确系于有无适合的人员去实施,实践证明,人力准备是战略实施的关键。IBM 的一个重要原则就是尊重个人,并且花很多时间来执行这个原则。因为,他们坚信员工不论职位高低,都是产生效能的源泉。所以,企业在做好组织设计的同时,应注意配备符合战略思想需要的员工队伍,将他们培训好,分配给他们适当的工作,并加强宣传教育,使企业各层次人员都树立起与企业的战略相适应的思想观念和工作作风。如麦当劳的员工都十分有礼貌地提供微笑服务;IBM 的销售工程师技术水平都很高,可以帮助顾客解决技术上的难题;迪斯尼的员工生活态度都十分乐观,他们为顾客带来了欢乐。

人力配备和培训是一项庞大、复杂和艰巨的组织工作。在执行公司战略时,需要员工掌握一定的技能,这有赖于严格、系统的培训。松下幸之助认为,每个人都要经过严格的训练,才能成为优秀的人才,譬如在运动场上驰骋的健将们大显身手,但他们惊人的体质和技术,不是凭空而来的,是长期在生理和精神上严格训练的结果。如果不接受训练,一个人即使有非常好的天赋资质,也可能无从发挥。在企业发展过程中,要全面考虑企业的整体情况,只有在软硬两方面 7 个要素能够很好地沟通和协调的情况下,企业才能获得成功。

2.5　管理理论的新发展

2.5.1　学习型组织

等级权力控制是以等级为基础,以权力为特征,对上级负责的垂直型单向线性系统。它强调"制度+控制",使人"更勤奋地工作",达到提高企业生产效率、增加利润的目的。权力控制型企业管理在工业经济时代前期发挥了有效作用,它对生产、工作的运行和有效指挥具有积极意义。但在工业经济后期,尤其是进入信息时代、知识时代以后,这种管理模式越来越不能适应企业在科技迅速发展、市场瞬息万变的竞争中取胜的需要。企业家、经济学家和管理学家们都在探寻一种更有效的能顺应发展需要的管理模式,即另一类非等级权力控制型管理模式,学习型组织理论就是在这样一个大背景下产生的。

学习型组织的内涵包括学习型组织方法——发现、纠错、成长。由于个体思维的误区,组织学习普遍存在"学习智障",主要表现为找不到学习愿景中的关键要点。如何去除其中的限制因素障碍,获得组织肌体的修复,找到合适的成长环路,这需要个体之间不断去学习、探索,达到互动的目的。一切心理和结构层面的考量都不是学习的关键元素,修复和行动力才是主导。所以,方法只能在动态的过程里找到,最后成长。发现、纠错、成长是一个不断循环的过程,也是学习的自然动力。学习型组织核心——在组织内部建立"组织思维能力"。学会建立组织自我的完善路线图和自我学习机制组织成员在工作中学习,在学习中工作,学习成为工作新的形式。学习型组织精神——学习、思考和创新。此处学习是团体学习、全员学习,思考是系统、非线性的思考,创新是观念、制度、方法及管理等多方面的更新。学习型组织的关键特征——系统思考。只有站在系统的角度认识系统,认识系统的环境,才能避免陷入系统动力的漩涡里去。组织学习的基础——团队学习。团队是现代组织中学习的基本单位。许多组织不乏就组织现状、前景的热烈辩论,但团队学习依靠的是深度会谈,而不是辩论。深度会谈是一个团队的所有成员,摊出心中的假设,而进入真正一起思考的能力。深度会谈的目的是一起思考,得出比个人思考更正确、更好的结论;而辩论是每个人都试图用自己的观点说服别人同意的过程。

学习型组织的五项要素:建立愿景。愿景可以凝聚公司上下的意志力,透过组织共识,大家努力的方向一致,个人也乐于奉献,为组织目标奋斗。团队学习。团队智慧应大于个人智慧的平均值,以做出正确的组织决策,透过集体思考和分析,找出个人弱点,强化团队向心力改变心智。组织的障碍,多来自于个人的旧思维,例如固执己见、本位主义,唯有透过团队学习,以及标杆学习,才能改变心智模式,有所创新。自我超越。不断提升自己的能力,超越过去的知识和能力界限,成就自我超越。系统思考。应透过资讯搜集,掌握事件的全貌,以避免见树不见林,培养纵观全局的思考能力,看清楚问题的本质,有助于清楚了解因果关系。学习是心灵的正向转换,企业如果能够顺利导入学习型组织,不仅能够达到更高的组织绩效,更能够带动组织的生命力。

管理理论的发展是为了适应社会进步的需要,战略的柔性要求企业成为学习型组织,由于社会环境、管理基础、制度效率等因素,引入学习型组织的时候,需要考虑其适用性。要与社会环境及相关背景相适应,学习型组织的五项修炼不是拿来即用,学习型组织这一尚未成熟的理论在我国企业中的运用必须有一个本土化的过程,要与企业管理的基础相适应。在学习型组织案例中,都是管理基础比较好的企业。学习型组织是众多组织形式中的一个,并不是每一个企业都适合建立。要与企业的发展阶段相适应。从制度效率角度来看,一个企业在生命周期的不同阶段,应采取一个能够实现其效用最大化的组织形式,不能刻意追求最先进的,而是应该采取最合适的组织形式。

学习型组织具有如下三大特点:共同的愿景,组织的共同愿景,来源于员工个人的愿景而又高于个人的愿景。它是组织中所有员工愿景的景象,是他们的共同理想。它能使不同个性的人凝聚在一起,朝着组织共同的目标前进。企业的工作可以分为两类:反映性工作和创造性工作。反映性工作主要是上级检查时,下级进行反馈,或是在事故发生后进行汇报。这类工作有什么作用呢? 最多只能维持现状。然而,绝大多数人和大部分精力往往都集中在反映上,而不是投入到创造性工作中。企业的发展是创造性的工作,没有创造企业就会被淘汰。不断学习,这是学习型组织的特征。所谓"善于不断学习",主要有四点含义:一是强调"终身学习"。即组织中的成员均应养成终身学习的习惯,这样才能形成组织良好的学习气氛,促使其成员在工作中不断学习。二是强调"全员学习"。即企业组织的决策层、管理层、操作层都要全身心投入学习,尤其是经营管理决策层,他们是决定企业发展方向和命运的重要阶层,因而更需要学习。三是强调"全过程学习"。即学习必须贯穿于组织系统运行的整个过程之中。约翰·瑞定提出了一种被称为"第四种模型"的学习型组织理论。他认为,任何企业的运行都包括准备、计划、推行三个阶段,而学习型企业不应该是先学习然后进行准备、计划、推行,不要把学习和工作分割开,应强调边学习边准备、边学习边计划、边学习边推行。四是强调"团队学习"。即不但重视个人学习和个人智力的开发,更强调组织成员的合作学习和群体智力(组织智力)的开发。在学习型组织中,团队是最基本的学习单位,团队本身应理解为彼此需要他人配合的一群人。组织的所有目标都是直接或间接地通过团队的努力来达到的。学习型组织通过保持学习的能力,及时铲除发展道路上的障碍,不断突破组织成长的极限,从而保持持续发展的态度。

2.5.2 企业再造

企业再造也译为"公司再造""再造工程"。它是1993年开始在美国出现的关于企业经营管理方式的一种新的理论和方法。所谓"再造工程",简单地说就是以工作流程为中心,重新设计企业的经营、管理及运作方式。按照该理论的创始人原美国麻省理工学院教授迈克·哈默与詹姆斯·钱皮的定义,是指"为了飞跃性地改善成本、质量、服务、速度等重大的现代企业的运营基准,对工作流程进行根本性重新思考并彻底改革",也就是说,"从头改变,重新设计"。为了能够适应新的世界竞争环境,企业必须摒弃已成惯例的运营模式和工作方法,以工作流程为中心,重新设计企业的经营、管理及运营方式。企业再造包括企业战略再造、企业文化再造、市场营销再造、企业组织再造、企业生产流程再造和质量控制系统再造。

企业再造理论认为,企业再造活动绝不是对原有组织进行简单修补的一次改良运动,而是重大的突变式改革。企业再造是对植根于企业内部的、影响企业各种经营活动开展的,向固有的基本信念提出了挑战;企业再造必须对组织中人的观念、组织的运作机制和组织的运作流程进行彻底的更新,要在经营业绩上显著地改进。其实施方法是以先进的计算机信息系统和其他生产制造技术为手段,以顾客中长期需求为目标,在人本管理、顾客至上、效率和效益为中心的思想的指导下,通过最大限度地减少对产品增值无实质作用的环节和过程,建立起科学的组织结构和业务流程,使产品质量和规模发生质的变化,从而保证企业能以最小的成本、高质量的产品和优质的服务在不断加剧的市场竞争中战胜对手,获得发展的机遇。

企业"再造"就是重新设计和安排企业的整个生产、服务和经营过程,使之合理化。通过对企业原来生产经营过程的各个方面、每个环节进行全面的调查研究和细致分析,对其中不合理、不必要的环节进行彻底的变革。在具体实施过程中,可以按以下程序进行:

对原有流程进行全面的功能和效率分析,发现其存在的问题。根据企业现行的作业程序,绘制细致、明了的作业流程图。一般地说,原来的作业程序是与过去的市场需求、技术条件相适应的,并由一定的组织结构、作业规范作为其保证的。当市场需求、技术条件发生的变化使现有作业程序难以适应时,作业效率或组织结构的效能就会降低。因此,必须从以下方面分析现行作业流程的问题：①功能障碍。随着技术的发展，技术上具有不可分性的团队工作（TNE），个人可完成的工作额度就会发生变化，这就会使原来的作业流程支离破碎或者增加管理成本，或者核算单位太大造成权责利脱节，并会造成组织机构设计的不合理，形成企业发展的瓶颈。②重要性。不同的作业流程环节对企业的影响是不同的。随着市场的发展，顾客对产品、服务需求的变化，作业流程中的关键环节以及各环节的重要性也在变化。③可行性。根据市场、技术变化的特点及企业的现实情况，分清问题的轻重缓急，找出流程再造的切入点。为了对上述问题的认识更具有针对性，还必须深入现场，具体观测、分析现存作业流程的功能、制约因素以及表现的关键问题。

设计新的流程改进方案，并进行评估。为了设计更加科学、合理的作业流程，必须群策群力、集思广益、鼓励创新。在设计新的流程改进方案时，可以考虑：将现在的数项业务或工作组合，合并为一；工作流程的各个步骤按其自然顺序进行；给予职工参与决策的权力；为同一种工作流程设置若干种进行方式；工作应当超越组织的界限，在最适当的场所进行；尽量减少检查、控制、调整等管理工作；设置项目负责人。对于提出的多个流程改进方案，还要从成本、效益、技术条件和风险程度等方面进行评估，选取可行性强的方案。

制订与流程改进方案相配套的组织结构、人力资源配置和业务规范等方面的改进规划，形成系统的企业再造方案。企业业务流程的实施，是以相应组织结构、人力资源配置方式、业务规范、沟通渠道甚至企业文化作为保证的，所以，只有以流程改进为核心形成系统的企业再造方案，才能达到预期的目的。

组织实施与持续改善。实施企业再造方案，必然会触及原有的利益格局。因此，必须精心组织，谨慎推进。既要态度坚定，克服阻力，又要积极宣传，形成共识，以保证企业再造的顺利进行。企业再造方案的实施并不意味着企业再造的终结。在社会发展日益加快的时代，企业总是不断面临新的挑战，这就需要对企业再造方案不断地进行改进，以适应新形势的需要。

第 3 章
管理学研究的基本方法

3.1 归纳法与演绎法

3.1.1 归纳法与演绎法的内涵

归纳法指的是从许多个别事例中获得一个较具概括性的规则。这种方法主要是从收集到的既有资料,加以抽丝剥茧地分析,最后得以做出一个概括性的结论。归纳法是从特殊到一般,优点是能体现众多事物的根本规律,且能体现事物的共性;缺点是容易犯不完全归纳的毛病。

演绎法则与归纳法相反,是从既有的普遍性结论或一般性事理,推导出个别性结论的一种方法。由较大范围,逐步缩小到所需的特定范围。演绎法是从一般到特殊,优点是由定义根本规律等出发一步步递推,逻辑严密结论可靠,且能体现事物的特性;缺点是缩小了范围,使根本规律的作用得不到充分的展现。演绎法的基本形式是三段论式,具体包括:大前提,是指已知的一般原理或一般性假设;小前提,是关于所研究的特殊场合或个别事实的判断,小前提应与大前提有关;结论,是从一般已知的原理或假设推出的,对于特殊场合或个别事实作出的新判断。

3.1.2 归纳法与演绎法的联系与区别

1) 归纳法与演绎法的区别

思维起点不同,归纳法是从认识个别的、特殊的事物推出一般原理和普遍事物;而演绎则由一般(或普遍)到个别。这是归纳法与演绎法两者之间最根本的区别。归纳是一种或然性的推理;而演绎则是一种必然性推理,其结论的正确性取决于前提是否正确,以及推理形式是否符合逻辑规则。在规范研究当中,学者一般采用归纳法,归纳法对作者的思辨性思维要求较高,以保证整个论证过程符合逻辑规则,一般很难做到,因此归纳法很多时候是一种或然性的推论;演绎法的研究过程可以看作一种推理的过程,实证研究一般都要有理论基础,或逻辑的推导过程,以保证结论的正确性。因此归纳法的研究思想普遍应用于规范研究当中,而演绎法则应用于实证研究当中。归纳的结论超出了前提的范围,而演绎的结论则没有超出前提所断定的范围。演绎的结论没有超出前提的范围,并非说演绎是重复已经知道的东西,若是那样的话,对科学研究便没有什么意义了。归纳法根据已有前提,进行归纳并逻辑推导,得到新的结论;演绎法主要验证开始所列举的前提假设,最后验证的结论一般不会超出前提假设的范围。

2) 归纳法与演绎法的联系

演绎推理的一般性知识来自归纳推理概括和总结,从这个意义上说,没有归纳推理也就没有演绎推理。归纳推理也离不开演绎推理。归纳过程的分析、综合过程所利用的工具(概念、范畴)是归纳过程本身所不能解决和提供的,这只有借助于理论思维,依靠人们先前积累的一般性理论知识的指导,而这本身就是一种演绎活动。而且,单靠归纳推理是不能证明必然性的,因此,在归纳推理的过程中,人们常常需要应用演绎推理对某些归纳的前提或者结论加以论证。从这个意义上也可以说,没有演绎推理也就不可能有归纳推理。正如恩格斯指出的:"归纳和演绎,正如分析和综合一样,是必然相互联系着的。"归纳与演绎两者可以互相补充,互相渗透,在一定条件下可以相互转化。演绎是从一般到个别的思维方法;归纳则是对个别事物、现象进行观察研究,而概括出一般性的知识。作为演绎的一般性知识来源于经验,来源于归纳的结果,归纳则必须有演绎的补充研究。归纳法和演绎法各有特点,归纳法不局限于前提,运用逻辑推理,以求普遍适用的理论;演绎法基于假设,运用科学方法验证假设的正确与否。归纳法不局限于前提进行论证,演绎法必须在前提中运用已有理论提出假设,假设即为结果的范围。

3.1.3 归纳法与演绎法的应用分析

人类 99% 的概率都在使用归纳法,只有 1% 的概率使用演绎法,因为演绎法需要消耗认知能量,所以默认使用归纳法。归纳法是一种简单快速的逻辑方法,但使用时需要小心。例如一个农民喂食一只鹅。一开始鹅畏畏缩缩,想:"这个人为什么要喂我?这背后一定有什么阴谋。"数星期过去了,农民天天都过来,扔给它谷子。它的疑心渐渐减弱。几个月后这只鹅肯定地想:"这个人很喜欢我!"这一信念每天都得到证明,于是它越来越坚定。它对农民的善良坚信不疑。鹅没料到,农民在圣诞节会将它从鹅舍里取出并杀掉。这只圣诞鹅成了归纳法思考的牺牲品。大卫·休谟早在 18 世纪就举过同样的例子,警告人们要小心归纳法。可犯这种错误的不仅是鹅,我们大家都有由观察个体得出普遍适用的结论的倾向,这是危险的。

1) 归纳法

归纳法或称归纳推理,是在认识事物过程中所使用的思维方法,是指人们以一系列经验事物或知识素材为依据,寻找出其服从的基本规律或共同规律,并假设同类事物中的其他事物也服从这些规律,从而将这些规律作为预测同类事物中的其他事物的基本原理的一种认知方法。简单点理解就是,借助感觉和经验来积累知识。归纳法的方式有:

(1) 空间性归纳

"比如欧洲的天鹅是白色的,亚洲的也是,非洲的也是,所以全世界的天鹅都是白色的。"

在发现澳大利亚之前,欧洲人认为天鹅都是白色的。所以欧洲人没有见过黑天鹅,"所有的天鹅都是白的"就成了一个没有人怀疑的事实,一直到人们在澳大利亚发现黑天鹅,欧洲人的想法因此一百八十度翻转,黑天鹅也变成了不吉利的象征,像是我们所说的乌鸦一样。这种翻转会造成人们心里很剧烈的震荡,因为"所有的天鹅都是白的"有数万只的白天鹅做证,但是要推翻它,只需要一只黑天鹅就足够了。也就是说,人们所习惯相信的信念、所乐观看待的事件,有可能是错的,而我们从未思考过"它是错的"所造成的后果,我们期待的破灭,竟是如此之轻易。归纳法只能证伪,不能证明,因为样本不能穷尽。(世界上所有天鹅都是白的,直到出现黑的)

(2)时间性归纳

"从古至今,太阳总是从东边升起,所以将来太阳也会从东边升起。"未来和过去一样,在我们的经验里,未来总是和过去一样,所以,我们认为未来还会和过去一样。因为过去的经验告诉我们"未来跟过去一样"这是一个循环论证,证据就是它要证明的对象,归纳法所依赖的"连续性"假设,在逻辑上无法自洽。因此归纳式思考有时会产生严重后果,但没有它也不行。我们相信,当我们登上飞机时,气体动力学的原理明天也管用。我们估计,我们不会在大街上被无缘无故地殴打。我们指望,我们的心脏明天也照常跳动。我们需要归纳法,但我们不可以忘记,所有确信都只是暂时的。本杰明·富兰克林怎么说来着?"除了死亡和税收,没有什么是肯定的。"

2) 演绎法

演绎法其实是一种推理方式,从已有的现实信息中,推知事物的未知部分。所谓演绎法或称演绎推理,是指人们以一定的反映客观规律的理论认识为依据,从服从该认识的已知部分推知事物的未知部分的思维方法。它是由一般到个别的认识方法。演绎法是认识"隐性"知识的方法。演绎推理的逻辑形式对于理性的重要意义在于,它对人的思维保持严密性、一贯性有着不可替代的矫正作用。演绎法比较有名的两种推导方式是三段论、假言推理。

(1)亚里士多德的三段论

三段论,是指由两个简单判断作前提和一个简单判断作结论组成的推理。三段论中包含三个部分:一是大前提;二是小前提;三是结论。运用三段论,其前提一般应是真实的,符合客观实际的,否则就推不出正确的结论。大前提——所有的人都会死;小前提——苏格拉底是人;结论——所以苏格拉底会死。

(2)假言推理

假言推理是以假言判断为前提的推理。假言推理分为充分条件假言推理和必要条件假言推理两种。充分条件假言推理有两条规则:一是肯定前件,就要肯定后件;否定前件,不能否定后件。二是肯定后件,不能肯定前件;否定后件,就要否定前件。根据规则,充分条件假言推理的否定前件式和肯定后件式都是无效的。必要条件假言推理有两条规则:一是否定前件,就要否定后件;肯定前件,不能肯定后件。二是肯定后件,就要肯定前件;否定后件,不能否定前件。根据规则,必要条件假言推理的肯定前件式和否定后件式都是无效的。

3.2　案例研究与实证研究

3.2.1　案例研究与实证研究的内涵

1) 案例研究

根据罗伯特的定义,案例研究是一种经验主义的探究,它研究现实生活背景中的暂时现象。在这样一种研究情境中,现象本身与其背景之间的界限不明显,研究者只能大量运用事例证据来展开研究。案例研究方法是一种常见的定性研究方法,对当代某一处于现实环境中的现象进行考察的一种经验性的研究方法。这种方法适合对现实中某一复杂和具体问题进行深入和全面考察。通过案例研究,人们可以对某些现象、事物进行描述和探索。案例研究还可以促使人们建立新的理论,或对现有理论进行检验、发展或修改。首先,案例研究是一种经验性的研究,而不是一种纯理论性的研究。作为一种社会科学研究方法,案例研究方法属于经验性研究方法的范畴。案例研究的意义在于回答是“为什么”和“怎么样”的问题而不是回答“应该是什么”的问题。其次,案例研究的研究对象是现实社会经济现象中的事例证据及变量之间的相互关系。案例研究的研究对象决定了它属于现象学的研究范畴。正是这一点,使案例研究显著区别于经验性研究中的其他属于实证主义范畴的另外两种研究方法。再次,案例研究对整体性的要求。案例研究的研究对象是社会经济现象中不同变量之间的相互关系,这决定了案例研究应该是一个整体性的体系,也许它的各个部分运转得并不那么良好,也许它的目的是非理性的,但它始终成为一个(整体性的)体系。也只有在这一前提下,案例研究的结论——案例本身作为一个完全的、被准确界定的个体样本所揭示出来的规律及相关研究结论,才有可能被推广应用到更广泛的、具有相似性的群体中。最后,在被研究的现象本身难以从其背景中抽象、分离出来的研究情境中,案例研究是一种行之有效的研究方法。它可以获得其他研究手段所不能获得的数据、经验知识,并以此为基础来分析不同变量之间的逻辑关系,进而检验和发展已有的理论体系。案例研究不仅可以用于分析受多种因素影响的复杂现象,它还可以满足那些开创性的研究,尤其是以构建新理论或精炼已有理论中的特定概念为目的的研究的需要。此外,案例研究作为一种教学方法,它有助于提高人们的判断力、沟通能力、独立分析能力和创造性地解决问题的能力。

2) 实证性研究

实证性研究是通过对研究对象大量的观察、实验和调查,获取客观材料,从个别到一般,归纳出事物的本质属性和发展规律的一种研究方法。实证研究是通过运用数据,采用客观中立的立场,解释和预测经济管理事务,回答“实际是什么”的问题。即先提出假设,然后用数据分析的方法加以验证。其中,数据、模型、假设、检验、推理与结论是实证学术研究的六大要素。实证研究方法强调“可证实性”,只要能够准确运用,简单的数理统计也能实现研究目标。实证研究方法包括观察法,是研究者直接观察他人的行为,并把观察结果按时间顺序系统地记录下来,包括自然观察与实验室观察,参与观察与非参与观察。谈话法,是研究者通过与对象面对面的交谈,在口头信息沟通的过程中了解对象心理状态的方法。测验法,是指通过各种标准化的心理测量量表对被试者进行测验,以评定和了解被试者心理特点的方法。个案法,对某一个体、群体或组织在较长时间里连续进行调查、了解、收集全面的资料,从而研究其心理发展变化的全过程,这种方法称为个案法,也叫个案研究。实验法,研究者在严密控制的环境条件下有目的地给被试者一定的刺激以引发其某种心理反应,并加以研究。

3.2.2　案例研究与实证研究的联系与区别

1)定义的角度不同

实证研究是相对于规范研究而言的,是指利用已有数据对过去经验状态的一种研究方法。而案例研究,是以解释某一案例的方式来获取我们自身所需要的信息。案例研究可以用到实证研究这一方法工具。

2)研究方法不同

实证性研究方法可以概括为通过对研究对象大量的观察、实验和调查,获取客观材料,从个别到一般,归纳出事物的本质属性和发展规律的一种研究方法。案例研究法是实地研究的一种。研究者选择一个或几个场景为对象,系统地收集数据和资料,进行深入的研究,用以探讨某一现象在实际生活环境下的状况。

3)起源不同

1870 年,兰德尔出任哈佛大学法学院院长时,法律教育正面临巨大的压力。其一是传统的教学法受到全面反对;其二是法律文献急剧增长,这种增长首先是因为法律本身具有发展性,其次是在承认判例为法律的渊源之一的美国表现尤为明显。兰德尔认为,"法律条文的意义在几个世纪以来的案例中得以扩展。这种发展大体上可以通过一系列的案例来追寻。"由此揭开了案例法的序幕——实证研究的产生:作为一种研究范式,产生于培根的经验哲学和牛顿-伽利略的自然科学研究。法国哲学家孔多塞、圣西门、孔德倡导将自然科学实证的精神贯彻于社会现象研究之中。他们主张从经验入手,采用程序化、操作化和定量分析的手段,使社会现象的研究达到精细化和准确化的水平。

3.2.3　案例研究与实证研究的应用分析

实证研究法研究的目的是通过采用复合 DEA 方法测度企业知识管理绩效中的应用。运用复合 DEA 方法,提出了测度和评价企业知识管理绩效的方法,能够找出被测度企业与同行企业之间的差距,并探明其原因所在,促使企业从组织行为角度去审视其知识管理活动,发现问题所在及产生的原因所提出的方法为企业评价、跟踪和实时监测其知识管理活动提供了理论依据和实施准则。

数据包络分析,简称 DEA,从领导、组织、个人和环境四个维度来测度企业知识管理的每个维度包含的若干指标。公司管理者可以根据个人的有效性系数衡量个人的表现,从而按情况对员工进行奖励或者批评。对可能导致企业中进行评估的员工学习能力相对无效的瓶颈,公司领导可以依据此对员工进行鼓励、激励员工加强此方面能力的培养。最好能以此为员工量身定做一套发展计划。由于存在员工吸收知识并有效将知识转化为自己的内部知识的能力较差,公司应该注重对员工该项能力的培养。该方法可以相似地用于组织层、领导层及环境层的绩效测度,从而帮助企业分析自身各层组织和企业环境中的不足之处。从组织层出发的复合 DEA 方法,可以为企业评估其知识管理状况提供理论依据和实践准则,为企业监测其知识管理活动提供一个简便易行的方法。

例如用在摩托罗拉的 TFE、TCS 体制,展现了一流公司以团队为单位开展组织学习和创新的创举,真正能够运用团队来解决企业问题,增强企业凝聚力,促进组织的学习,并将组织的知识资源最大程度地利用,从而提高组织的办事效率。

摩托罗拉 TCS 团队活动及其竞赛的产生源于公司对 6sigma 质量目标(每百万产品中只有三四个有缺陷)的追求。员工对 TCS 团队活动表现出极大的热情,每年的团队大赛都会展示出各种充满智慧的解决问题及提高质量的方案。TCS 团队工作包括以下程序。

1) 团队形成

公司的所有员工都有资格参加 TCS 团队,自愿参加。建议的团队人数在 4～10 人,团队自己为其命名。团队的形成在摩托罗拉是一件很自然的事情,每位员工都参加过 TCS 方面的培训。

2) 团队活动

团队根据选题开展调查研究,一起讨论,并使用培训中学到的相关方法和工具进行分析。

3) 团队展示成果

团队可以选择参加竞赛,首先在自己的部门,然后在地区,根据地区竞赛的规模每个地区选出 15 个优胜队到公司总部参加决赛,不管团队是否要正式参加比赛,他们都要做一个非正式的展示,与公司其他人员共同分享他们的知识和成果,并听取意见。

4) 评价团队成果

评委们对参赛团队的成果主要从 7 个方面来判断:①项目选择。项目应该与摩托罗拉的创新有关,根据公司指定的顾客需求信息来进行,且持续 3～12 个月。②团队工作。团队工作包括从项目选择到实施的全过程,鼓励顾客和供应商参与,所有团队成员都应该对项目研究的全过程有所贡献。③分析方法。团队要能据此分析出根本原因,明确得出解决方法,并且反映出对分析工具的创新使用。④改进措施。改进措施与分析方法要保持一致。有创见的解决方法将特别受到评委的关注。⑤结果。团队工作的结果将与其最初定的目标进行比较,目标实现的程度由评委们来打分。⑥制度化。公司鼓励团队采用来自别的团队的好方法,并将自己的成功经验传播于整个公司。⑦演讲。演讲必须清楚简洁,并利用简单易懂的图表。

5) 竞赛时间

部门和地区一级的竞赛在每年秋季举行,公司总部一级的竞赛安排在其后。

6)给员工的回报

在摩托罗拉所有的团队都被视为获胜者。对于这些团队的成员来说，能够出国到摩托罗拉的总部与最高管理层面对面交谈，与他们合影，所取得的成就能够被认可，这些本身就是一种巨大的激励和回报。

摩托罗拉在 TCS 团队取得了巨大成功，但近年来发现，TCS 团队更多的是由同一部门内的员工组成的，而要更快地实现 6 sigma 质量目标，需要加强不同部门之间的合作。因此，摩托罗拉推出了 TFE，鼓励不同部门员工之间组成团队。TFE 工作目标是每人每天都要使自己的顾客完全满意，每个面临问题的小组都应使用十四步法。TFE 的操作方法与 TCS 有很大的相似性，这里只重点介绍一下 TFE 小组的十四步法，包括：

①小组规章。这是指团队成员在一起确定下列内容：明确会议结构、例会长短、议程和目标；确定小组成员角色，包括领队、记录、秘书、档案管理、一般成员；制定基本规则，包括出勤、解决问题方式、工作分配。

②选择课题。课题的选择围绕着提高产量、节约成本、缩短周期和提高质量的目标，对生产方式、程序等进行改进。

③确立顾客。通过小组集思广益确定客户是谁，是个人还是团队，谁将受益，谁直接被提供服务，客户是否只有一个。

④顾客需求。了解客户对此计划的支持程度和他们的需求。设立目标以满足顾客的需求，把重点放在客户重视的选项上，让客户对团队的表现提供反馈。

⑤目前状况。弄清目前情况和程序。

⑥设立目标。收集数据、分析数据、确定范畴、建立基准，设立切实可行的目标。

⑦原因分析。从目前的状况分析，研究并讨论工作程序，找出疑点和应采取的步骤，改进工作流程图。

⑧要因分析。讨论主要的起决定性作用的原因：辨别真伪，找到真正的原因，列举并集中讨论三四个主要原因。

⑨多选方案。重新回顾原因分析，集思广益，群策群力，列出各种可能的方案。

⑩做出决定。从分析问题到解决问题，遇到复杂的选项时，分析问题过程较明朗时，用加权打分，以多数通过为原则。

⑪采取行动。这是最重要的一步，将想法变成行动，要有具体时间表、全部任务说明、负责人、截止时间，并进行全程跟踪。

⑫成果评估。与设立的目标比较、改进并修正目标，不断跟踪，取得更多新成果。

⑬标准化。通过评审，申请专利并实施，制作成手册、板报或软件。

⑭标准化推广。告诉所有人，通过会议、录像、E-MAIL、网站、小组展示、参观访问、沟通等分享团队的成果。

摩托罗拉的 TCS、TFE，是世界各大公司中以团队为单位开展组织学习和创新的成功典范。目前在实际工作中真正能够运用团队来解决企业问题，增强企业凝聚力的企业还为数不多，因此这些优秀公司运用知识管理企业从而提高企业经营效率的做法值得借鉴。首先，这些公司把建立员工团队作为发现并创造性地解决企业问题、促进组织学习和自我更新的重要途径。员工工作在生产第一线，很多生产中的问题都是他们最先发现，并利用所学的知识解决，从而推动企业工作高效地完成。那些工作效率低的公司认为发现和解决问题是管理层的责任,因此影响了员工的积极性,抑制了员工聪明才智的发挥,也使企业失去了最佳的信息和创造力来源,从而使企业的知识利用效率大大降低。

3.3　定性分析与定量分析

3.3.1　定性分析与定量分析的内涵

定性分析即"定性研究",是根据社会现象或事物所具有的属性和在运动中的矛盾变化,从事物的内在规定性出发研究事物的一种方法。定性研究有两个不同的层次:一是没有或缺乏数量分析的纯定性研究,结论往往具有概括性和较浓的思辨色彩;二是建立在定量分析的基础上的、更高层次的定性研究。

定量分析即"定量研究",是用数学的工具对事物进行数量分析的方法。定量分析需要对四种测定尺度进行分析,包括名义尺度、间距尺度、顺序尺度以及比例尺度。

3.3.2　定性分析与定量分析的联系与区别

定性分析与定量分析的区别。定性分析用文字语言进行相关描述,主要凭分析者的直觉、经验,凭分析对象过去和现在的延续状况及最新的信息资料,对分析对象的性质、特点、发展变化规律作出判断的一种方法。定量分析用数学语言进行描述,依据统计数据,建立数学模型,并用数学模型计算出分析对象的各项指标及其数值的一种方法。相比而言,定量分析方法更加科学,但需要较高深的数学知识,而定性分析方法虽然较为粗糙,但在数据资料不够充分或分析者数学基础较为薄弱时比较适用。但它们一般都是通过比较对照来分析问题和说明问题的。正是通过对各种指标的比较或不同时期同一指标的对照才反映出数量的多少、质量的优劣、效率的高低、消耗的大小、发展速度的快慢等等,才能为作鉴别、下判断提供确凿有据的信息。

定性分析与定量分析的联系。定性分析与定量分析应该是统一的,相互补充的;定性分析是定量分析的基本前提,没有定性的定量是一种盲目的、毫无价值的定量;定量分析使之定性更加科学、准确,它可以促使定性分析得出广泛而深入的结论。事实上,现代定性分析方法同样要采用数学工具进行计算,而定量分析则通常需要建立在定性预测基础上,两者相辅相成,定性是定量的依据,定量是定性的具体化,两者结合起来灵活运用才能取得最佳效果。

3.3.3　定性分析与定量分析的应用分析

定量分析关注频率,定性分析关注意义。定性研究范式从属于建构主义和阐释主义,而定量研究范式从属于实证主义和后实证主义。从实际应用角度看,定性研究与定量研究的本质差别主要体现在两者回答的问题不同、研究的程序不同、研究的策略不同、研究的工具不同上。两者的结合不可能发生在抽象的认识论和理论视角层面,只能发生在方法论特别是具体方法层面。在定量研究的某个阶段使用定性研究的方法和技术、在以定量为主的研究中使用定性研究的方式或方法作为辅助,以及对研究问题的不同方面分别使用定性和定量两种方式展开研究来共同回答研究的中心问题,是两者常见的结合形式。而真正意义上两种研究方式的结合主要是指后者。

定性研究自20世纪末、21世纪初被系统介绍到国内学术界以来,逐渐受到国内社会科学各学科的关注,各种介绍定性研究方法的著作和论文逐渐增加,定性研究方法的学习者和使用者也越来越多。然而,由于定性研究是一种与人们相对熟悉的定量研究完全不同的新的研究方式,加上定性研究无论是在基本概念上还是在其所包含的主要类型上,学术界对其还没有统一的答案。因此,初学者在学习和实践中不可避免地会遇到许多问题和困难。其中,有关定性研究与定量研究主要有哪些显著的不同、定性研究能否与定量研究结合以及如何结合等等,无疑是最为突出的问题。尽管已经有不少学者对定性研究与定量研究两种方式之间的异同特别是对两者之争进行过探讨。也有学者从介绍"混合方法研究"中来论述定性研究与定量研究的结合问题,但从实际应用的角度进行的有针对性的探讨和分析还较为少见。

从实际应用的角度来看,定性研究与定量研究两者之间哪些方面的差别是最为重要的差别呢? 笔者认为,最为重要的差别主要体现在以下几方面:

1) 回答的问题不同:"我关心的不是你关心的"

一切研究都始于研究问题的提出。而研究方法的任务就是帮助研究者正确地收集和分析资料,以达到回答研究问题的目的。对于定性研究与定量研究这两种不同的研究方式来说,它们最大的差别之一也正是体现在它们所回答的问题不同上。一般情况下,定量研究主要关注和回答有关整体的、相对宏观的、相对普遍的、侧重客观事实的,特别是有关变量之间关系的问题;而定性研究主要关注和回答的则往往是有关个体的、相对微观的、相对特殊的、侧重主观意义的,特别是有关具体情境的互动问题。定量研究更多的是以描述总体的分布、结构、趋势及其相关特征,揭示变量之间的关系,验证已有理论假设等为目标;而定性研究则更多的是以揭示现象变化过程、现象内在联系、研究对象的主观认知、诠释行为意义、发展和建构新的理论假设为主要目标。

2) 研究的程序不同:"一切视情况而定"

关于研究程序,可以有两种理解:一是相对广义的理解,指的是"所有研究"都遵循的"一般程序",即从选择研究问题开始,经过研究设计、资料收集、资料分析,最终到研究结果为止的过程。二是相对狭义的理解,指的是实际实施各种不同的研究方式时,所具有的特定的"操作步骤"。在狭义的研究程序层面,即在具体操作步骤上,定性研究与定量研究的情形相似,即定量研究不同方式的具体操作步骤不同,定性研究的不同方式之间的具体程序同样千差万别。换句话说,在狭义的研究程序层面,不同的研究方式具体操作程序都各不相同,不论是定量研究还是定性研究都是如此。

在广义的研究程序层面,定性研究则表现出与定量研究明显不同的特征。定量研究在这种广义的"一般程序"上具有很强的系统性、固定性、结构性,即各种不同的定量研究方式虽然在具体操作步骤上会有所不同,但在大的研究阶段上却基本一致。它们基本上都严格遵循从选择研究问题开始,经过研究设计、资料收集、资料分析,最终到达研究结果为止的"标准程序"。正是由于具有这种研究程序上的系统性、固定性和结构性,因而定量研究不仅相对来说更便于学习和检验,同时也更加便于进行研究的复制。

然而,在这种广义的"一般程序"上,定性研究却有着很强的灵活性、开放性、变动性,即各种不同的定性研究方式不仅在具体操作步骤上有所不同,就是在大的研究阶段上也不一致。它们通常都不会严格遵循定量研究所遵循的上述"标准程序",而是整个研究的进程经常会随着研究的开展而不断进行改变、修正、调整和反复,研究者也不使用可供检验的程序来收集和分析资料。无论是实地情景的某些变化,或是参与观察中研究者的某种体验和感受,还是资料收集过程中研究者的某些突发奇想,或是研究者与被访者的一次深入的交谈,都有可能成为研究者改变和调整研究程序、改变和调整研究方向,甚至改变和调整研究目标的触发器。而各种不同的研究方式、不同的研究对象、不同的研究主题,也都会使定性研究在实际操作过程中形成不同的研究阶段。

3) 研究策略的不同:"还原现实的复杂性"

社会现象是复杂的,不同的社会现象又是相互联系的。面对这种复杂性、相互联系性,定量研究的主要策略和指导思想就是尽可能将原本纷繁复杂的社会现实通过必要的改动或删减,最终转变成为几个关键的"变量",并以此来开展研究。无论是描述或解释不同现象之间的相关关系,还是集中探讨某些核心变量之间的因果联系,也无论是最常见的大规模调查研究,还是相对少见但更为严格的实验研究,抑或内容分析、二次分析、现有统计资料分析等等,所有这些定量研究的方式始终都是围绕着这些经过简化的且十分有限的"变量"进行的。即使是在定量研究中对各种多元统计分析方法的使用,其所能涵盖和处理的也依然是这种十分有限的"变量"。

而定性研究的主要策略和指导思想则可以说与此恰恰相反,定性研究的目标不是通过将现象分解成变量来减少复杂性,而是通过将情境背景因素包括在分析之中来提高其复杂性。所以,在某种意义上我们可以说,定性研究是在"扩简为繁",即通过将所研究的现象放回到具体的现实情境中、放回到具体的时空背景中、放回到具体的社会互动中去观察、去研究、去理解、去诠释,来达到真正认识这种特定社会现象的目的。在"扩简为繁"的同时,定性研究又以其在研究方式和研究方法上的多样性来应对社会现象的复杂性,即在研究中尽可能保持研究对象的完整性、复杂性,保持研究对象与各种相关因素的关联性,在尽可能现实的状态中,全方位、多角度、多联系地仔细探究和理解所研究的现象。也正是为了做到这一点,定性研究才必须让自己保持方法上、程序上的开放性、灵活性和多样性。

4) 研究的工具不同:"我自己才是最重要的工具"

在定量研究中,研究者为了保证研究过程和研究结果的客观性、精确性、可靠性和可复制性,同时也为了达到发现社会现象总体特征、相互关系和普遍规律的目标,通常需要对所研究的现象进行严格的、符合统计分析要求的抽样、测量,也需要采用问卷、量表等各种标准化的、高信度的工具。对资料的分析,更是需要借助建立在数理统计基础上的统计分析方法以及SPSS、SAS 等专门的统计分析软件的帮助,才能得出研究的结论。

在定性研究中,研究者所追求的并不是定量研究所追求的上述目标,而主要是对特定的研究对象、对处于具体"情景"中的社会现象的某种深入"理解",特别是"从内部"的理解。因此,一方面为了更好地应对和适应研究对象和社会现象的多样性和复杂性;另一方面,也为了更好地、更有效地理解研究对象,特别是从研究对象的角度来理解他们的主观认知,定性研究就只能以研究者自身作为最主要的研究工具。定性研究的这一特征,使得其在具有上述明显优点的同时,也不可避免地带来了两方面的局限或不足。一是由于强调研究者自己作为研究工具,强调研究的参与性,使得定性研究更多地带上了受研究者主观经验影响的色彩。这也可以说是对定性研究者眼里不存在"普遍的真实"的一种解释。二是"以研究者作为研究工具"的方式使得研究者个人的主观因素,比如素养、心智品质、眼光、观察能力、交往能力,特别是悟性,在研究中变得格外重要。同时,它也使得定性研究受到研究者主观偏见影响的程度更加严重。在定量研究那里,研究的程序是固定的,工具是标准的、统一的,方法的操作是格式化的。虽然在研究的设计和实施中依然存在许多靠研究者个人水平、能力、素养发挥作用的地方,不同的研究者所做研究的质量、所得结果的水平也会有所差别。这不仅影响到一项定性研究的质量,甚至在一定程度上也决定了定性研究的成败和结果的优劣。

第 4 章
结构方程模型概述

4.1 什么是结构方程模型

传统的回归分析,用一个模型描述一个因变量(被解释变量)和一组自变量(解释变量)之间的线性关系。其因变量(被解释变量)只有一个,自变量(解释变量)可以是一个或多个。其模型可用公式表示为:

$$Y = \alpha + \beta X + \varepsilon$$

或

$$Y = \alpha + \beta_1 X_1 + \beta_2 X_2 + \cdots + \beta_n X_n + \varepsilon$$

式中,Y 是因变量,X 是自变量,α 为截距,β 为回归系数,ε 为误差项。传统的回归分析中,对数据和模型有三项基本假定:一是 X 为非随机变量,也就是严格外生的,与 ε 无关;二是 X 与 Y 存在真实的线性关系;三是 ε 满足独立同分布,也就是误差项通常服从正态分布、相互独立并具有同方差。

在实际研究过程中,我们往往会遇到一些复杂的问题,是一般的一元回归分析和多元回归分析不能解决的。主要问题如下:

4.1.1 X 为随机变量

实际中存在 X 为随机变量的情况,即存在测量误差或 X 为潜在随机变量,不可以直接观测,例如基于"认同理论(Identification Theory)"来研究员工的公民行为,认为员工一定要对企业认同、主管认同和同事认同,才会有公民行为。但是企业认同、主管认同和同事认同三个变量仍然是随机变量,需要另外的项目来进行测量,此时模型如何建立? 参数如何估计? 模型如何检验?

4.1.2 多指标之间的关系复杂

在许多实际问题中,多个指标变量之间的关系往往比较复杂,并不一定都能够用一组自变量去解释一个因变量,如学历或受教育程度会影响其收入,而收入又会影响到消费支出的多少和消费结构,因此,学历或受教育程度就间接影响消费支出的多少和消费结构。多个变量之间不仅存在直接影响,还存在间接影响,如何建模?

4.1.3　潜在变量之间不相互独立

探索多个指标变量中存在的理论变量,即潜在变量之间关系时经常会用因子分析,而因子分析要求潜变量之间相互独立,而实际问题中,有些潜在变量之间存在因果关系或一定的关联或依存关系,这种情况如何建模?

这些问题的存在,使得人们不得不探索新的方法,即研究潜在变量之间关系的方法。结构方程模型正是一种分析研究不可直接观测的潜在变量之间结构关系的方法。

所谓线性是指所有变量,包括潜在的变量和可观测的变量之间的关系能够被表示在线性方程中,或者能够被转化为一种线性的形式。这个线性方程体系被称为结构方程模型(Structural Equation Model,SEM)。在后面的介绍中,可以看到,结构方程模型主要通过协方差矩阵完成模型建立,因而也被称作协方差结构方程模型(Covariance Structure Model,CSM)。

4.2　相关概念与表示符号

4.2.1　相关概念

(1)外显变量和潜在变量

根据变量是否可以直接被观测可以将变量划分为外显变量(Observable Variable)和潜在变量(Latent Variable)。外显变量又称为可测变量、观察变量或显变量,是指那些可以直接观测并测量的变量。如问卷调查中常见的性别、年龄、个人收入、住房面积等人口统计变量都是可以直接观察或测量的,是外显变量。外显变量可以是连续的、分类的或顺序的、计数的和名义的变量。

潜在变量又称隐变量,通常是指不能直接观测的变量,需要借助外显的测量指标来估计。例如员工的离职倾向不能直接进行测量,但可以用"我常常想要离开这家企业,我不喜欢留在这家企业工作,我很可能在明年寻找新的工作"等三个更具体的题目来间接测量,这三个题目就组成了一个员工离职倾向的测量量表。与潜变量类似的概念有很多,如构面(Construct)、特质(Trait)和因子(Factor)、维度(Dimension)等,这些概念经常替换使用,用于表达类似的意思。

(2)外生变量与内生变量

根据变量在一个模型中的作用,可以将其分为外生变量(Exogenous Variable)和内生变量(Endogenous Variable)。所谓的外生变量则指那些在模型或系统中只起解释作用的变量,只影响其他变量,不受其他变量影响,即影响其的因素在模型之外。

内生变量是指那些模型或系统中的被解释变量,通常受到其他变量的影响。内生变量是系统内部的一部分,其变化受到模型内的因果关系的影响,即影响其的变量在模型之内。内生变量也是研究或分析中的研究者感兴趣的变量,通常作为因变量,研究人员试图理解它们如何受到其他变量的影响。

两者在路径图上区别明显,只有发出的箭头而没有箭头指向的变量是外生变量,凡是有箭头指向的变量即是内生变量,不管是否发出箭头。图 4.1 中,x_1、x_2、x_3 为外生变量,y_1、y_2、y_3 为内生变量。

处于内生变量位置的潜变量称作内生潜变量（Endogenous Latent Variable）；相应的，处于外生变量位置的潜变量称作外生潜变量（Exogenous Latent Variable）。

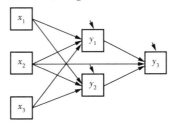

图 4.1　外生和内生变量示意图

4.2.2　表示符号

为了能够清晰地表述潜变量之间以及潜变量和可测变量之间的关系，结构方程模型应用时通常借用路径分析中的路径图。图 4.2 为一个结构方程模型示意图，单向直线箭头连接的两个变量表示假定有因果关系，箭头由原因变量指向结果变量；如果两个变量之间直线的两端都有箭头，表示它们之间互为因果；弧形的双向箭头表示假定两个变量间无因果关系，但有相关关系；变量之间没有任何连线，则表示假定它们之间没有直接联系。结构方程模型路径图中，矩形框表示显变量或指标，如图 4.2 中的 x_1—x_9、y_1—y_3；圆的或椭圆的框表示潜变量，如图 4.2 中的 ξ_1—ξ_3、η。结构方程模型的应用中通常使用的是 SEM 分析软件——LISREL 中的符号系统，其他符号的含义见表 4.1。

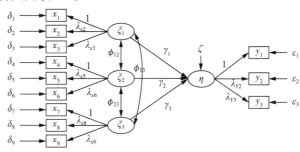

图 4.2　结构方程模型示意图

表 4.1　LISREL 中的符号系统

符号	含义
x	外生显变量
y	内生显变量
ξ	外生潜变量
η	内生潜变量
λ_x、λ_y	因子载荷
δ	外生显变量误差
ε	内生显变量误差

续表

符号	含义
ζ	内生潜变量误差
ϕ	相关系数
γ	路径系数

4.3 结构方程模型的形式

与多元回归、ANOVA、路径分析等传统统计分析方法不同,结构方程模型分析的重点是潜变量,而不是显变量。结构方程模型的基本目的是提供一种不受测量误差影响的手段来估计设定模型中潜变量间的结构关系。将测量模型(Measurement Model)和结构方程(Structural Equations)整合在一个结构方程模型框架内,就可以实现该目的。因此,结构方程模型一般分为两个部分,分别是测量模型和结构模型。测量模型的作用是分析显变量与潜变量之间的关系;而结构模型是通过联立方程,利用路径分析方法,建立潜变量之间的关系,并对潜变量之间的关系加以分析。

4.3.1 测量模型

测量模型(Measurement Model)反映潜变量和显变量之间的关系。如果潜变量被视作因子,则测量模型反映的是指标与因子之间的关系,所以也被称为因子模型。由于结构方程模型通常都被用来验证理论,即验证某种事先的假定,因此也被称为验证性因子模型,其中的方程称为测量方程(Measurement Equation)。测量方程可以用公式表示为:

$$x = \Lambda_x\xi + \delta$$
$$y = \Lambda_y\eta + \varepsilon$$

其中,x 为 p 个外生显变量组成的 $p\times1$ 阶向量,y 为 q 个内生显变量组成的 $q\times1$ 阶向量;ξ 为 $m\times1$ 阶外生潜变量向量,η 为 $n\times1$ 阶内生潜变量向量;Λ_x 是 x 在 ξ 上的 $p\times m$ 阶因子负荷矩阵,Λ_y 是 y 在 η 上的 $q\times n$ 阶因子负荷矩阵;δ 为 $p\times1$ 阶测量误差向量,ε 为 $q\times1$ 阶测量误差向量,分别表示 x 和 y 中不能由潜变量解释的部分。

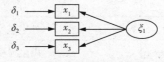

图 4.3 测量模型示意图

图 4.3 为一个测量模型的示意图,如果 x_1、x_2、x_3 在 ξ_1 上的载荷系数分别为 λ_1、λ_2、λ_3,则模型可以写为:

$$x_1 = \lambda_1\xi_1 + \delta_1$$
$$x_2 = \lambda_2\xi_1 + \delta_2$$
$$x_3 = \lambda_3\xi_1 + \delta_3$$

模型也可以用矩阵来表示：

$$\begin{bmatrix} x_1 \\ x_2 \\ x_3 \end{bmatrix} = \begin{bmatrix} \lambda_1 \\ \lambda_2 \\ \lambda_3 \end{bmatrix} \xi_1 + \begin{bmatrix} \delta_1 \\ \delta_2 \\ \delta_3 \end{bmatrix}$$

4.3.2　结构模型

结构模型反映潜变量之间的因果关系，亦称潜变量模型（Latent Variable Model），也称因果模型，其中的方程称为结构方程（Structural Equation）。结构方程可以用公式表示为：

$$\boldsymbol{\eta} = \boldsymbol{B\eta} + \boldsymbol{\Gamma\xi} + \boldsymbol{\zeta}$$

其中，$\boldsymbol{B}$ 为内生潜变量 $\boldsymbol{\eta}$ 间的 $n{\times}n$ 阶路径系数矩阵，$\boldsymbol{\Gamma}$ 为外生潜变量 $\boldsymbol{\xi}$ 对内生潜变量的影响的 $n{\times}m$ 阶路径系数矩阵，$\boldsymbol{\zeta}$ 为 $n{\times}1$ 阶残差向量。

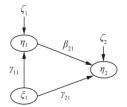

图 4.4　结构模型示意图

图 4.4 为一个结构模型的示意图，ξ_1 是 η_1 的原因变量，它们之间的路径系数为 γ_{11}，同时 ξ_1 也是 η_2 的原因变量，它们之间的路径系数为 γ_{21}，另外 η_1 也会影响 η_2，其路径系数为 β_{21}。模型用公式可以写成：

$$\eta_1 = \gamma_{11}\xi_1 + \zeta_1$$
$$\eta_2 = \beta_{21}\eta_1 + \gamma_{21}\xi_1 + \zeta_2$$

模型也可以用矩阵来表示：

$$\begin{bmatrix} \eta_1 \\ \eta_2 \end{bmatrix} = \begin{bmatrix} 0 & 0 \\ \beta_{21} & 0 \end{bmatrix} \begin{bmatrix} \eta_1 \\ \eta_2 \end{bmatrix} + \begin{bmatrix} \gamma_{11} \\ \gamma_{21} \end{bmatrix} \xi_1 + \begin{bmatrix} \zeta_1 \\ \zeta_2 \end{bmatrix}$$

4.3.3　结构方程模型完整表达式

将结构模型和测量模型结合起来就得到结构方程模型的完成表达式：

$$\boldsymbol{x} = \boldsymbol{\Lambda}_x\boldsymbol{\xi} + \boldsymbol{\delta}$$
$$\boldsymbol{y} = \boldsymbol{\Lambda}_y\boldsymbol{\eta} + \boldsymbol{\varepsilon}$$
$$\boldsymbol{\eta} = \boldsymbol{B\eta} + \boldsymbol{\Gamma\xi} + \boldsymbol{\zeta}$$

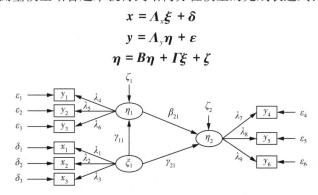

图 4.5　结构方程模型示意图

图 4.5 为一个完整的结构方程模型的示意图,该模型可以写成:

$$x_1 = \lambda_1 \xi_1 + \delta_1$$
$$x_2 = \lambda_2 \xi_1 + \delta_2$$
$$x_3 = \lambda_3 \xi_1 + \delta_3$$
$$y_1 = \lambda_4 \eta_1 + \varepsilon_1$$
$$y_2 = \lambda_5 \eta_1 + \varepsilon_2$$
$$y_3 = \lambda_6 \eta_1 + \varepsilon_3$$
$$y_4 = \lambda_7 \eta_2 + \varepsilon_4$$
$$y_5 = \lambda_8 \eta_2 + \varepsilon_5$$
$$y_6 = \lambda_9 \eta_2 + \varepsilon_6$$
$$\eta_1 = \gamma_{11} \xi_1 + \zeta_1$$
$$\eta_2 = \beta_{21} \eta_1 + \gamma_{21} \xi_1 + \zeta_2$$

矩阵表达式为:

$$\begin{bmatrix} x_1 \\ x_2 \\ x_3 \end{bmatrix} = \begin{bmatrix} \lambda_1 \\ \lambda_2 \\ \lambda_3 \end{bmatrix} \xi_1 + \begin{bmatrix} \delta_1 \\ \delta_2 \\ \delta_3 \end{bmatrix}$$

$$\begin{bmatrix} y_1 \\ y_2 \\ y_3 \\ y_4 \\ y_5 \\ y_6 \end{bmatrix} = \begin{bmatrix} \lambda_4 & \\ \lambda_5 & \\ \lambda_6 & \\ & \lambda_7 \\ & \lambda_8 \\ & \lambda_9 \end{bmatrix} \begin{bmatrix} \eta_1 \\ \eta_2 \end{bmatrix} + \begin{bmatrix} \varepsilon_1 \\ \varepsilon_2 \\ \varepsilon_3 \\ \varepsilon_4 \\ \varepsilon_5 \\ \varepsilon_6 \end{bmatrix}$$

$$\begin{bmatrix} \eta_1 \\ \eta_2 \end{bmatrix} = \begin{bmatrix} 0 & 0 \\ \beta_{21} & 0 \end{bmatrix} \begin{bmatrix} \eta_1 \\ \eta_2 \end{bmatrix} + \begin{bmatrix} \gamma_{11} \\ \gamma_{21} \end{bmatrix} \xi_1 + \begin{bmatrix} \zeta_1 \\ \zeta_2 \end{bmatrix}$$

为了保证能够有效估计参数,SEM 有以下一些基本假设:

①测量方程的误差 δ 和 ε 均值皆为 $\mathbf{0}$;

②结构方程的残差项 ζ 均值为 $\mathbf{0}$;

③误差项 δ 和 ε 与潜变量 ξ 和 η 不相关,δ 和 ε 之间也不相关;

④残差 ζ 与 δ、ε、ξ 都不相关;

⑤$\boldsymbol{B}$ 在对角线上为 0,且 $(\boldsymbol{I}-\boldsymbol{B})$ 为非奇异矩阵,即矩阵可逆。

4.4　结构方程模型的识别

模型识别是确定结构方程模型是否可以从给定的数据中获得合理的估计的过程。它也是设定结构方程模型时的一个关键问题,因为不是每个理论模型都能从观察数据中获得有意义的估计。模型识别所关注的是每个未知参数是否能从模型中得到唯一解,即是否能从观察数据得到唯一估计值。对于一个需要模型估计的自由(未知)参数,如果不能将参数表达为样本方差/协方差的数学函数,那么该参数便定义为非识别参数(Unidentifed Parameter)。如果某个未知参数可以用至少一个由观察变量的方差/协方差矩阵的一个或多个元素构成的数学函数表达,则该参数是可识别的。通常,参数可由一个以上的不同函数表达,此时参数是超识别的。超识别意味着有足够的参数估计信息,因此有一种以上的方法来估计某个参数(或多个参数)。然而如果模型正确则由不同函数所得的参数估计值应是同一值。如果所有未知参数都是可识别的,则模型为可识别模型(Identifed Model)。模型中只要有一个非识别参数则模型为非识别模型(Unidentied Model),模型无法估计。由于模型识别不涉及样本量问题,无论样本多大,非识别模型仍然保持非识别,仍然无法估计。

超识别结构方程模型在结构方程模型的应用中非常重要。它是指模型中的自由参数量不会超过数据点(Data Points)。不过一个超识别模型不一定就能拟合数据,由此就产生了一个模型是否拟合观察数据的问题。观察变量的方差、协方差数量与自由参数数量之间的差称为自由度(Degrees of Freedom,DF)。目前尚无公认的 SEM 模型识别的充要条件,通常需要检查以下两个必要条件:

第一,数据点的数量一定不能少于自由参数的数量,即自由度不能为负数。数据点数(观察变量的方差/协方差矩阵的不同元素的数量)等于$(p+q)(p+q+1)/2$,其中 $p+q$ 是观察变量的总数(p 为内生指标个数,q 为外生指标个数)。自由参数的数量是模型所要估计的参数数量,包括因子负载、路径系数、潜变量方差、协方差及误差项方差、协方差等。如果数据点数超过自由参数的数量,模型称为超识别模型(Overidentifed Model);如果数据点数少于自由参数的数量模型称为欠识别模型(Under Identied Model),欠识别模型无法估计模型参数;如果数据点数等于自由参数的数量模型称为恰识别模型(JustIdentifed Model),恰识别模型自由度为零,能够进行模型参数估计,但无法进行模型拟合优度检验。

第二,模型中的每一个潜变量都必须设立一个测量尺度(Measurement Scale)。要设定某个潜变量的测量尺度,可以有以下两种方式:一是将一个观察标识的因子载荷固定为一常数,通常为 1;二是将潜变量的方差固定为 1(即将潜变量标准化)。如果既不固定潜变量的方差又不固定因子负载,那么因子负载和潜变量方差便不可识别。如果有与潜在自变量(Independent Latent Variable)相关的参数不可识别,那么该潜在自变量的方差及所有发出的路径系数都不可识别。如果有与潜在因变量(Dependent Latent Variable)相关的参数不可识别,那么该潜在因变量的剩余方差(Residual Variance)经该潜变量所形成的所有路径系数也不可识别。

以上两个条件是必要条件但非充分条件。即使满足了这两个条件,仍然可能出现模型识别问题。模型识别可通过数学方法进行严格的确认,但现有的 SEM 软件在进行模型估计时,通常也会提供模型识别的检查方法。当模型不可识别时,软件的结果输出部分就会显示错误信息,提示哪些参数出现了识别问题。利用这些信息,我们便可以修正模型,解决问题。

解决模型识别问题的最好办法是避免出现此类问题。通常,我们可以增加些潜变量的标识,从而获得更多的数据点。另外,预防模型识别问题发生的重点在于参数设定。实际上,模型识别取决于如何将参数设定为自由参数(Free Parameter)、固定参数(Fixed Parameter)或强制参数(Constrained Parameter)。自由参数是指需要进行模型估计的未知参数;固定参数是将参数固定为一个特定值,例如在测量模型中各潜变量的标识有一个固定值为 1 的因子载荷或各潜变量的方差固定为 1。另外,如果假定模型中不存在某些变量之间的效应或相关关系,则相应的路径系数或协方差要固定为 0。强制参数(Constrained Parameter)是一个未知参数,但是其被强制等于另一个或几个其他参数。例如,假设有研究显示变量 x_1 和 x_2 对某个因变量有同等效应,就可以强制 x_1 和 x_2 对因变量的路径系数相等。通过固定或强制某些参数,可减少自由参数的数量,由此,欠识别模型可变为可识别模型。

一些复杂的模型常存在模型识别问题,例如非递归结构方程模型,该类模型中存在直接或间接的反馈或误差相关,模型识别的条件复杂。复杂模型的识别问题在本书中暂不讨论。一般地说,在模型构建初始,先构建简约模型(Parsimonious Model),自由参数数量应尽可能地少,仅包括关键参数即可。如果该模型能够被识别,则可在随后的模型中逐步增加其他感兴趣的参数,最后通过比较所有替代模型,即可选出最适当的模型。

4.5 结构方程模型的参数估计

在 4.4 中介绍了 3 种参数,分别是自由参数、固定参数和限制参数,自由参数是统计模型参数估计的对象。在线性回归模型中,通常运用最小二乘法来进行估计,其核心思想为通过最小化残差平方和来确定模型参数。残差是指实际观测值与模型预测值之间的差异,残差平方和是所有残差平方的和。最小二乘法的目标是找到一组参数,使得残差平方和最小,能够达到这样效果的参数为合适的参数估计值。这对于由可测变量构成的模型完全适用,例如对于一元线性回归模型 $Y=\alpha+\beta X+\varepsilon$,利用 X、Y 的观测数据得到 Y 估计值 $\hat{Y}$,当 $\sum \varepsilon^2 = \sum (Y-\hat{Y})^2 = \sum (Y-\alpha-\beta X)^2$ 达到最小时得到的估计值 $\hat{\alpha}$、$\hat{\beta}$ 就是待估参数 α、β 的最小二乘估计。

结构方程模型的结构模型研究的是潜变量之间的结构关系,没有可以直接观测的数值,无法直接得到各个潜变量的数值,也就无法得到潜变量的估计值,从而没有潜变量的残差,上述估计方法也就无法使用。结构方程模型既然研究结构,能够反映变量间结构的最好统计特征值是方差和协方差。将残差平方和最小的思想进行转化,用 $\sum$ 表示总体变量之间的结构协方差矩阵,由于实际只能观测到有限的样本数据,以样本观测值的协方差矩阵 S 替代总体变量之间的结构关系;假设模型(带有参数)的协方差矩阵,即模型拟合的协方差矩阵记作 $\sum(\theta)$,参数估计就是使 $\sum(\theta)-S$ 尽可能小。如果模型定义正确,总体协方差矩阵与模型拟合协方差矩阵应该相等。

假设模型得出的协方差矩阵 $\sum(\theta)$ 与样本观测值的协方差矩阵 S 之间的接近程度可以用拟合函数(Fit Function)表示,记为 $F(S, \sum(\theta))$。结构方程模型参数估计常用的估计方法有最大似然法、加权最小二乘法、全息最大似然法等,不同的估计方法,选用的拟合函数不同,得到的结果也不完全一样。

4.5.1 最大似然法

最大似然估计(Maximum Likelihood Estimation,ML)又叫极大似然估计,是统计学中应用最广泛的未知参数估计方法之一,也是结构方程模型参数估计的基础方法,其拟合函数可用公式表示为:

$$F_{\mathrm{ML}} = \ln \left| \sum \right| - \ln |S| + \mathrm{tr}\left(S \sum {}^{-1}\right) - (p+q)$$

式中,$\mathrm{tr}\left[S \sum {}^{-1}(\theta)\right]$ 是矩阵 $S \sum {}^{-1}(\theta)$ 的迹,即矩阵的对角线元素之和;$\ln \left| \sum \right|$ 表示矩阵 $\sum(\theta)$ 的行列式的对数;$\ln |S|$ 表示矩阵 S 的行列式的对数;p、q 分别是内生、外生可测变量数目。在大样本情况下,若 $\sum(\theta)$ 与 S 越接近,即 $\ln \left| \sum \right|$ 与 $\ln |S|$ 越接近,$\mathrm{tr}\left[S \sum {}^{-1}(\theta)\right]$ 越接近于 $p+q$,则 F_{ML} 越小。若 $\sum(\theta) = S$,则 $F_{\mathrm{ML}} = 0$。因为这时,$\mathrm{tr}\left[S \sum {}^{-1}(\theta)\right] = \mathrm{tr}(I) = p+q$。最大似然估计值就是使得 F_{ML} 达到最小值的估计值。

最大似然估计适用于观测变量为连续变量且服从多元正态分布的情况,偏态分布会导致估计效果很差以及错误的标准误差和偏高的值。有研究认为,当可测变量虽不服从正态分布,但峰度不大于 8(标准正态分布峰度为 3)时,用 ML 估计不会有很大影响,也有研究认为,峰度不大于 25 也可以。如果数据不服从多元正态分布,可以考虑采取以下办法:对变量进行变换,使其近似于多元正态分布;删除异常值;用自助(Boostrap)再抽样,估计参数估计的方差;采用其他估计方法。

最大似然法具有以下一些性质:第一,ML 估计是渐近无偏估计。这一性质表明,参数均值依概率收敛于总体均值。ML 估计在大样本情况下偏差很小;样本越大,偏差越小。一般在参数估计时至少需要 200 个样本。第二,ML 估计是一致估计。这一性质表明在大样本情况下,与 θ 有显著偏差的可能性极小。这种情况下,为 θ 的一致估计。第三,ML 估计是有效估计。如果说,无偏估计是考察估计时均值的大小,那么有效估计则是考虑估计时方差的大小。对于未知参数 θ,会有许多不同的无偏估计量,其中方差达到下界的无偏估计量称为有效估计量。ML 是渐近有效的,即所有可能的无偏估计量中,ML 估计的渐近方差最小。第四,ML 值渐近服从正态分布。在大样本情况下($n>200$),ML 值的分布近似于正态分布。在这一基础上,参数估计值与其标准差之比,近似服从正态分布,甚至为标准正态分布,因而可以对参数进行显著性检验。第五,ML 值不受量纲影响。一般情况下,ML 值不受测量单位的影响,亦称具有尺度不变性,即当一个或多个指标的测量单位发生变化时,参数的 ML 值不变。具有这一性质,基于协方差阵得到的估计与基于相关系数阵得到的估计是一样的。

4.5.2 全息最大似然法

极大似然估计在处理缺失值数据时又称作全息极大似然估计(Full Information Maximum Likelihood,FIML),意指使用所有观测变量的全部信息。FIML 同 ML 分析完整数据过程一样,只是在计算单个对数似然值时使用全部完整信息而不考虑缺失值,具体公式参见文献 Enders(2006,2010)。不同于传统的缺失值删除法,如一览删除(Listwise Deletion)或两两删除(Pairwise Deletion),FIML 将数据中包含的所有信息用于分析。重要的是,FIML 不仅允许数据完全随机缺失(Missing Complete at Random,MCAR)假设,而且允许限制较宽松(Less Restrictive)的随机缺失(Missing at Random,MAR)假设。后者允许数据缺失是观察测量(包括观察结局测量和观察协变量)的函数。换话说数据缺失可以允许与观察协变量和/或观察结局测量相关。在纵向研究中随访率通常可能与某些因素有关,而非完全随机。如干预组的项目参与者的随访率可能比控制组的项目参与者高;基期观测变量测量值的高低也可能影响随访率。因为干预和基期结局测量值都是观察测量,随机缺失允许其与数据缺失相关,这种宽松假设在我们的实际研究中无疑是很重要的。目前 FIML 在多种 SEM 分析软件中均有提供。

4.5.3　几种稳健估计方法

ML 估计法适用于正态分布下的连续型测量变量。在数据非正态分布情况下,虽然 ML 参数估计值不易出现偏倚,但是参数估计值的标准误差可能出现偏倚,导致模型卡方值升高,因而加大模型拒绝的第 I 类错误(Type I Error)。当非正态分布危及 ML 显著性检验的有效性时,传统的处理方法是将变量的非正态分布转化为近似正态分布,或去除数据中的异常值,或使用自助法(Bootrstrap Procedures)估计参数等。在 SEM 中更好的方法是应用无须假设正态分布的稳健估计法(Robust Estimator)估计模型。这类方法较多,本书中仅做简要介绍。

"渐近无分布估计法"(Asymptotically Distribution Free Estimator, ADF)是在大样本情况下无须考虑变量分布的参数稳健估计方法。目前几乎所有常用的 SEM 分析软件都提供该方法,但在不同的软件中具有不同的名称,如在 AMOS 中称为 ADF;在 EQS 中称为任意广义最小二乘法(Arbitrary Generalized Least Squares, AGLS);在 LISREL 中称为加权最小二乘法(weighted least squares estimator, WLS);Mplus 中的 WLS 在结局测量为连续变量时也等价于 ADF 估计法。ADF 估计法以样本方差/协方差 S/协方差和第四阶矩(即峭度)对 ADF 函数加权,并以此调整数据的多元非正态性。当数据呈正态分布时,ADF 便等同于广义最小二乘法(Generalized Lease Squares, GLS)。该方法也有一定的缺点,即当观测变量数量较大时,需要大样本才能估计其权重矩阵,否则会产生很大偏度,并导致 ADF 的权重不可逆,计算过程也相当耗时。估计 ADF 权重阵所需的样本量确定原则为:当观测变量的数量小于等于 12 时,样本量至少为 200;当观测变量的数量大于 12 时,样本量至少为 $1.5k(k+1)$。

Satorra-Bentler χ^2 或 SB χ^2 是适用于数据非正态分布的参数稳健估计方法。该方法是由 Satorra 和 Bentler 于 1988 年提出的,其特征为采用了一个标度校正因子来调整 ML 卡方估计,用以处理观测变量的非正态性。类似的估计方法还有调整的 ADF χ^2 和 Yuan-Benter T_2^* 检验值,这些方法都没有 ADF 那样的特大样本要求。

另外,Mplus 软件提供多种基于 ML 和 WLS 的 SEM 模型稳健估计法。常用的主要有两种,即稳健最大似然估计(Robust Maximum Likelihood Estimator, MLR)和均数调整似然估计(Mean Adjusted Maximum Likelihood Estimator, MLM)。用 MLM 估计的模型卡方值等价于 Satorra-Bentler χ^2 值,而用 MLR 估计的模型卡方值等价于 Yuan-Benter T_2^* 检验值,MLR 适用于中、小样本的参数估计。

ML 估计法以及在此基础上衍生出的 MLM、MLR 方法等主要用于分析连续观测变量,当用于分析分类观测变量时,模型估计需要复杂的数值积分计算,十分耗时,且 Mplus 软件在输出中不提供常用的模型拟合指数和模型修正指数。当模型中带有分类观测测量时,Mplus 的默认估计法是均数方差调整加权最小二乘法(Mean and Variance-Adjusted WLS, WLSMV),它是以加权最小二乘法为基础的稳健估计法,使用对角线权重矩阵而非渐近矩阵加权。

需要注意的是,基于 ML 的估计法和基于 WLS 的估计法对缺失数据的假设不同。前者如 Mplus 的 ML 和 MLR 估计法,均允许较宽松的随机缺失假设,即数据缺失不必假设为完全随机缺失,而允许随机缺失。基于 WLS 的估计法,如 WLSMV,只能假设数据缺失为观测协变量(Observed Covariates)的函数,而不能是观测变量的函数。基于 WLS 的估计法对于缺失值的限制小于完全随机缺失,但大于随机缺失。

4.6　结构方程模型分析软件介绍

近年来结构方程模型在管理学、心理学、教育学、医学、经济学等领域得到了广泛应用,用于结构方程模型的分析软件有很多,例如 LISREL、AMOS、EQS、Mplus 等。下面是常用 SEM 建模软件的简介,以方便有兴趣的读者进一步了解。

（1）AMOS

AMOS(Analysis of Moment Structures)软件的全称为 IBM SPSS AMOS,由 IBM 公司开发,是一款广泛用于结构方程建模的专业统计分析软件。AMOS 具有建模能力、潜在类别分析、模型创建、分析统计功能、处理海量计算模型等丰富的功能,其特点为提供了直观的图形用户界面,用户可以通过拖拽和连接图标的方式构建模型。它还提供了可视化的模型拟合指标和图表,方便用户进行模型评估。

（2）EQS

EQS(Equations)由该领域的世界领先权威之一 Peter M.Bentler 博士开发,EQS 是结构方程模型分析中最容易使用的工具,具备最新的统计方法,尤其是处理非正态分布和有缺失值的数据时非常方便。使用 EQS 不需要学习矩阵及代数的技巧,用 EQS 的模型绘图工具画出路径图后,不需要再学习 EQS 命令语言的语法,即可得到分析结果。

（3）LISREL

LISREL(LInear Structural RELations)是由 K.G.Joreskog 和 D.Sorbom 所开发的结构方程模型软件。LISREL 既可以用画图的方式进行分析,也可用语法输入的方式进行分析。但 LISREL 画图的功能并不好用,更推荐采用语法输入的方式。目前,LISREL 有三种语法输入的方式。其中,SIMPLIS 是最直观的语法,简单易学,但面对复杂的模型时 SIMPLIS 语法就不太适合。LISREL 语法以矩阵为基础,有矩阵知识基础的人学起来比较容易,该语法也是 LISREL 分析时所使用的正统的语法。还有 PRELIS 语法可以用来处理数据,比如进行数据插补或产生各式矩阵等。另外,LISREL 还可以执行 Bootstrap 分析等,是一个功能强大的软件。

（4）Mplus

Mplus 是由 LindaMuthén 和 Bengt Muthén 开发的结构方程模型分析软件。Mplus 采用了命令行界面,用户需要通过输入命令来指定模型和进行分析。虽然初学者不易上手,但命令行界面提供了更大的灵活性和自定义能力,具有强大的分析能力,可以进行结构方程建模、混合效应模型建模、多水平分析等。它支持多种数据类型,包括连续型、离散型和混合型数据,允许一起分析横截面和时间序列数据,单层和多层数据,来自不同母样本的数据以及可见或不可见的异质数据,适用于复杂模型的建模和分析。Mplus 也有特别的功能处理遗漏值,能进行蒙特卡罗模拟研究。在本书的案例中主要运用 Mplus 进行分析。

（5）其他软件

一些大型统计分析软件也设计了用于结构方程模型分析的程序,例如 SAS TCALIS、Stata GLLAMM、Statistica SEPATH、Systat RAMONA、SPSS process 等。上述主要是一些商业软件,另外还存在免费的 SEM 分析软件,例如 AFNI 1dSEM package、OpenMx、SmartPLS(偏最小二乘法估计)等。

第 5 章
结构方程模型建模

5.1 结构方程模型建模步骤

结构方程模型是一种复杂的统计分析方法,其建模过程也相对复杂,以下是结构方程模型的基本建模步骤:

①明确定义研究问题:在建模之前需要明确研究问题。

②构建理论模型:查找文献,选择合适的变量,确定潜变量和观测变量,建立理论模型和研究假设。

③问卷设计与数据收集:根据所构建的理论模型设计问卷,再进行预调查并根据结果修正问卷,之后便进行正式调查,收集研究数据;处理缺失值和异常值,进行数据清洗;进行信效度检验,确保数据质量。

④进行验证性因子分析:使用适当的估计方法,如 ML、MLM、MLR 等,估计模型的参数,利用收集的数据对所构建测量模型进行验证。

⑤进行潜变量路径分析:使用适当的估计方法,如 ML、MLM、MLR 等,估计模型的参数,包括路径系数、潜变量的方差和协方差等。根据所构建的结构模型,考察各潜变量之间的关系和相互影响。

⑥模型拟合度检验:使用拟合优度指标评估模型与数据的拟合度。如果模型拟合度不佳,则需要进行修改。

⑦模型修改:根据拟合度检验的结果进行模型修改。这可能包括添加或删除路径、修正模型中的错误指定等,以改进模型的拟合度。

⑧结果报告与解释:报告并解释模型估计的路径系数,讨论它们的实际意义,并解答研究问题。

⑨报告和发布:撰写研究报告,包括模型的详细描述、参数估计结果、拟合度检验和结论,确保报告清晰地传达研究的主要发现。

以上是结构方程模型分析的基本步骤,其流程中需要进行一系列数据的处理和分析工作。在实际中需要进行多次迭代,以求得尽可能拟合样本数据的模型。

5.2　验证性因子分析原理

潜变量/因子是不能直接观察到的变量,必须通过其观察变量进行间接测量。观察变量的说法有很多,除显变量外,还有观测变量(Observed Variables)、测量/可测变量(Measured Variables)、显示变量(Manifest Variables)、条目(Items)、指标(Indicators)或代理变量(Proxies)等。为了进行结构方程模型分析,必须先测量潜变量/因子,并检验其相关的测量模型。只有当测量模型能拟合数据才能将其整合进 SEM 来分析潜变量间的关系。探究潜变量/因子与观察变量/指标之间的关系用到的方法通常是因子分析。

5.2.1　因子分析概述

因子分析(Factor Analysis,FA)的产生已有 100 多年的历史,在行为科学(如管理学、市场营销、社会学、教育学和公共卫生等)诸领域有着举足轻重的作用,是该领域应用最多的多元统计方法之一。因子分析是用于解释外显变量之间相关的统计模型,主要用于实现两个目的:解释指标间的相关性和化简数据。按照假设,指标间存在相关是因为有一个潜在的共同因子或公因子,即所有条目共同的部分,如果这个共同因子被提取,那么指标间的相关将不存在,即实现了局部独立性。由于因子多为抽象概念,在真实世界是不存在的,而实际存在的指标又太多,通过因子分析就能将众多指标化简为少数几个因子,为厘清现象提供简明的工具。在因子的水平上假设和验证变量之间的关系,为理论的发展和检验提供便利。

按照分析前有无理论基础,可以将因子分析分成探索性因子分析(Exploratory Factor Analysis,EFA)和验证性因子分析(Confirmatory Factor Analysis,CFA)。探索性因子分析不事先假定因子与指标之间的关系,而让数据"自己说话"。验证性因子分析假定因子与指标的关系是部分知道的,即哪个指标对应哪个因子,但尚不知道具体的系数。

因子分析在管理学研究中最常用于探索、检验量表或问卷的效度。当问卷的理论结构不清晰时,普遍的做法是先使用探索性因子分析初步确定因子的个数、指标与因子间的关系以及因子与因子之间的关系。然后根据 EFA 的结果在新样本中进行 CFA 验证,如果结果理想,则得到支持因子效度的结论。虽然两类因素分析存在明显的不同,但其理论假设和参数估计方法等方面的差异并不大。

与探索性因子分析相比较,验证性因子分析有下列优点:一是 EFA 的所有因子之间要么全相关(或非正交),要么全不相关(或正交),而在 CFA 中因子间的关系可根据理论或实践经验设定成有的相关或有的不相关。二是 EFA 中的观察变量/指标负载在所有的因子上,而CFA 中的观察变量/指标仅与其假定要测量的因子相联系。在 CFA 中根据理论关注点的不同,一个指标可以负载在一个或多个因子上。因此,CFA 模型不仅在理论上更有意义,而且更为简约。在 CFA 中,指标与各无关因子间的载荷被固定为 0,这就大大减少了所需估计的自由参数的量。三是 EFA 不容许测量误差之间相关,而在 CFA 中测量误差之间则可以相关。某些特殊情况需要设定误差项相关,例如当用同一量表测量纵向数据时(不同的时间点上出现测量误差很可能相关),或者做方法效应(Method Effects)检验时,利用 CFA 模型可以很容易地处理这些误差相关,允许设定误差项相关也是 CFA 的优势之一。四是 EFA 传统上不能处理多组数据(Multiple Group Data),而多组 CFA(Multiple Group CFA)模型则广泛地运用于跨组恒定性(Invariance Across Groups)的检验。最后,可以将协变量加入 CFA 模型,用来预测因子,从而将 CFA 模型扩展为 MIMIC 模型(Multiple Indicators and Multiple Causes,MIMIC),也可和路径分析相结合,用来检验因子间的因果关系,从而将 CFA 模型扩展为 SEM 模型。

5.2.2 验证性因子分析基础知识

1)验证性因子分析的表达式

同一测量模型可以有不同的表达形式,常用的有路径图、方程和矩阵。以最简单的单因子模型为例,表 5.1 中呈现了三种表达形式。这三种表达形式的本质是一致的,基于此存在着不同取向的结构方程建模软件,例如,AMOS 软件以路径图的形式进行模型设置,而 LISREL 则主要使用方程和矩阵。需要说明的是,在 CFA 中,测量方程中的均值部分即指标截距(τ_x 和 τ_y)中心化后为 0,所以在表达测量方程时通常省去,但在涉及特殊模型(如用于潜均值比较的均值结构模型)时,则需要均值结构部分。

表 5.1　验证性因子分析模型的表达形式

表达形式	外生变量	内生变量
路径图		
方程	$x_1 = \tau_1 + \lambda_{x1}\xi_1 + \delta_1$ $x_2 = \tau_2 + \lambda_{x2}\xi_1 + \delta_2$ $x_3 = \tau_3 + \lambda_{x3}\xi_1 + \delta_3$	$y_1 = \tau_1 + \lambda_{y1}\eta_1 + \varepsilon_1$ $y_2 = \tau_2 + \lambda_{y2}\eta_1 + \varepsilon_2$ $y_3 = \tau_3 + \lambda_{y3}\eta_1 + \varepsilon_3$
矩阵	$\boldsymbol{x} = \boldsymbol{\tau}_x + \boldsymbol{\Lambda}_x\boldsymbol{\xi} + \boldsymbol{\delta}$	$\boldsymbol{y} = \boldsymbol{\tau}_y + \boldsymbol{\Lambda}_y\boldsymbol{\eta} + \boldsymbol{\varepsilon}$

2)验证性因子分析步骤

(1)验证性因子分析模型设定

模型设定(Model Specifieation)即模型表达,指模型所涉及的变量与变量之间的关系、模型参数等的设定。根据理论或相关文献研究结果,确定因子的个数,以及观察变量与因子间的关系,建立验证性因子分析模型。由于模型的因子结构已经明确,观察变量的隶属关系也已充分论证,这时就可以直接选择做 CFA。在理论设定过程中,研究者可以通过画路径图来帮助厘清因子与观察变量之间的关系,在结果呈现时也可以借助路径图清晰地展示。一旦有了基于理论的假设模型,便进入了下一步的模型识别。

(2)验证性因子分析模型识别

单一观察变量不能完美地测量其相应的潜变量。在测量模型或 CFA 模型中一般要联合应用多个观察变量来测量一个潜变量,例如顾琴轩等(2015)在研究中开发的"研发团队社会资本量表"共包括结构资本、认知资本与关系资本三个潜变量,分别用 4 个、4 个、3 个观察变量来进行测量,详见表 5.2。

表 5.2　研发团队社会资本量表

潜变量	观察变量
结构资本	团队成员相互促进 当团队出现问题时,成员以建设性方式相互讨论 在团队决策中,成员通常交换意见和想法 成员相互交流,诊断并解决问题
认知资本	成员共享团队的愿景,明确团队的目标 成员对项目涉及的专业符号、用语、词义都很清楚 成员能很好地理解其他人所说的专业术语 对项目涉及的工具和方法,成员都很熟悉
关系资本	成员在工作中相互信任 成员面对变化,相互支持 成员提出新观点和尝试新的做事方式得到支持

关于一个潜变量需要多少个观察变量来测量,目前学界尚无定论,甚至有的观点还相互矛盾。有些学者认为要用尽量多的观察变量来反映潜变量,因为尽量多的观察变量可以在一定程度上弥补小样本的缺陷,估计也越精确(Marsh 等,1998;MacCallum 等,1996);但另一些研究却有着截然不同的看法,例如 Anderson 等(1984)认为观测变量过多可导致 GFI、AGFI 和 RMS 等模型拟合指数变差,Ding 等(1995)的研究也发现增大观察变量与潜变量数量之比会对 NFI、NNFI、RNI 和 CFI 等模型拟合指数产生负效应(本书将在 5.3 中详细介绍各种拟合指数的含义)。

模型识别是在模型设定好之后检验所设定的模型是否存在合适的解。对于模型识别,一个单因子/潜变量 CFA 中至少需要 3 个观察变量模型才是可识别的。根据 4.4"结构方程模型的识别"的知识,当一个单因子 CFA 模型只有 3 个观察变量时,该模型便是可识别的,无误差项相关。该模型的观察变量的方差/协方差数等于模型中的自由参数总数,因而自由度等于 0,不能进行模型拟合检验。而在多因子 CFA 模型中,若每个观察变量只负载到 1 个因子上,测量误差项互不相关但因子间彼此相关,那么每个因子即便只有 2 个观察变量,模型也可识别。然而许多研究表明,在一个 CFA 模型中每个因子最好应有 3 个观察变量,这是个临界点,早期观点甚至认为每个因子应有 4 个标识(Costner 等,1973;Mulaik,1983)。

(3)参数估计

本书 4.5 中介绍了多种模型估计方法,最常用的是最大似然估计。使用最大似然估计法的前提有如下几个。

①数据连续分布。管理学研究中很少能满足此要求,但选项数在 5 个以上可近似看作连续变量,也可以得到相对准确的估计。采用李克特五点以上量表得到的数据均可使用该估计。如果变量为类别变量,稳健加权最小二乘法(WLSMV)才是最佳选择。

②多元正态分布。此要求很苛刻,在实践中很难满足,处理非正态数据时最常用的是稳健极大似然估计,此方法在 Mplus 软件中有提供。

③数据独立。基本上多数情况可以满足此前提。在复杂取样设计中,变量之间独立性受到威胁时可使用 MLR 估计法,获得稳健卡方和标准误。

④大样本。在最大似然估计中,大样本通常有助于产生更稳健和有效的估计结果。这是因为当样本量较大时,估计的参数更有可能接近真实的概率分布参数,从而提高估计的准确性。

（4）数据准备

在进行 CFA 分析前,一定需要清楚地知道,通常情况下只有量表数据才能进行 CFA 分析,而其他的一些数据一般不能进行 CFA 分析。所以数据准备需要按照 CFA 的思路进行,首先是每个潜变量至少设置 3 个测量题项,实际操作中通常设计 4~7 个题,之所以多于 3 个题,是为了防止个别题项不达标,方便 CFA 模型的修正,否则就很有可能出现各种问题而没有缓冲;其次,在进行 CFA 分析之前,一般需要先进行 EFA 分析,确保潜变量与题项之间有较好的对应关系,如果 EFA 分析已经发现各种对应关系有问题,那么 CFA 分析时得到的结果也不会理想,这一步骤非常重要,也是减少各种问题的关键。

对收集到的数据还需要进行质量审查才能进行后续的分析,常规的审查有缺失值和奇异值处理等,在 CFA 分析和 SEM 分析中还需要对数据进行信度和效度分析,以判断通过量表调查获取的数据的可靠和有效程度,只有通过了信度和效度检验,才能得到可靠的研究结果。

①信度分析

信度反映了测量中的随机误差大小,由于造成测量随机误差的来源有多种,因此信度检验的方法也有多种,主要包括外在信度检验和内在信度检验。外在信度检验主要考察的是时间、测量形式等外在因素的变化是否会对测量结果的稳定性和一致性产生影响。常用的外在信度分析方法主要有重测信度法、复本信度法、折半信度法。内在信度所检验的是量表的内部一致性,即一个潜变量的所有测量题项测的是否是同一个变量。一致性程度越高,那么测量数据就越准确,评估结果的可信度就越强。在 CFA 和 SEM 分析中通常测的都是内部一致性信度,检验量表内部一致性的方法有多种,最常用的有 Cronbach-α 系数和 CR 系数。

Cronbach-α 系数是由克朗巴哈提出的,也即累加利克特量表的信度,该系数的原理为若测量结果服从正态分布,则题内不同人的结果的差异不应太大,即方差较小。Cronbach-α 系数越接近于 1,信度越高。一般来说,该系数大于或等于 0.7,认为其内部一致性较高;在 0.35~0.7 之间,认为内部一致性普通;小于 0.35 则内部一致性较低。Cronbach-α 系数还可以用于问卷修正,删除某变量后,如果 Cronbach-α 系数提高,则表明删除是合适的。

CR 系数即构造信度（Construct Reliability）系数,用来反映一组可测变量（指标）共同说明某一潜变量的程度。CR 系数取值在 0~1 之间,越接近 1,信度越高,表明构成这一潜变量的可测变量之间关联度较高,即这一测量中各个指标间一致性越高;若信度较低,表示各指标间较不一致,作为反映潜变量的可测变量是比较差的。构造信度的大小反映可测变量能够测量潜在结构的程度,最好大于 0.7。目前,关于 CR 系数的取值,并没有一个统一认可的标准。但一般认为,在 0.9 以上是"最好的",0.8 左右为"非常好",0.7 是"适中的",0.5 以上为"可以接受的",低于 0.5 则表明至少有一半的观测变异来自随机误差,因而信度不够高,不能接受。在实际应用中,为保证潜变量的可信程度,通常采用 0.6 作为可以接受的标准。

②效度分析

效度是指测量工具能够正确测量出所要测量问题的程度。通俗地说,量表是否具备效度,就是看该量表结果是否达到了此次测量的目的。比如,一个用以测量产品满意度的量表,被用来测量用户活跃度,那么所得的测量结果肯定缺乏效度。即使测量内容相同,被测量的目标群体发生了变化,效度也会大受影响。效度的正确性是相对的,通常以测验分数或相关系数表示。根据效度的定义,效度可以从内容效度(Content Validity)、效标效度(Criterion Validity)和建构效度(Construct Validity)3 个方面进行度量。

内容效度的检验主要是考虑所测量的内容是否很好地反映了所要研究的概念(变量)的基本内容,即策略工具实测的内容与我们想要测量的内容之间的匹配程度。内容效度的检验一般采用专家评估、预调查的方法,来评估量表是否合理、用户是否理解量表题项,一般是定性分析,较为主观,再根据结果来修正量表。例如,研究企业员工对员工食堂的满意情况,需要确定食堂的哪些服务与员工的满意度有关,员工关心什么方面,哪些方面更重要等。问卷内容如果能充分涵盖这些,则具有优良的内容效度。也可以采用德尔菲法,即专家调查法,来提高内容效度评估的科学性。

效标效度,也叫准则效度、效标关联效度。效标效度的检验主要是以一个公认有效的量表作为标准,考察当前量表与标准量表的测量结果的相关性,所测得的相关系数为当前量表的效度,相关系数越大表示该量表的校标效度越好。比如将自己设计的量表所搜集的数据与权威量表的数据进行相关分析,如果相关大,说明准则效度比较好。但是,在实际分析中,采用标准效度系数测度有两个问题:一是对潜变量,很难找到一个普遍认可的标准,因而运用有困难;二是标准的可靠性,即使找到标准,其可靠性如何判断也是个问题。正是由于这两个问题的存在,使得这种方法的应用受到一定限制。

建构效度,又叫结构效度、构想效度。建构效度的检验主要是考察量表的内部结构与编制量表时依据的理论假设是否相符,测量工具的内容能够推论或衡量抽象概念的能力。构造效度评估是依据原有理论与测量工具两者的配合程度,其测量从潜变量入手,利用观察变量的相关系数来测度。建构效度又可分为收敛效度和区别效度。收敛效度用于分析测量同一潜变量的多个题项之间是否存在相互关联,相互关联程度越高,收敛效度也会相应越高。收敛效度可通过因子载荷和平均变异数提取值 AVE 来衡量,一般认为 AVE>0.5 具有较好的收敛效度。区别效度用于考察某变量/维度与其他变量/维度之间的区别程度,通常通过比较变量的平均变异数提取值 AVE 的平方根与该潜变量同其他潜变量之间的相关系数来衡量,前者大于后者则说明区别效度良好。

一般在 CFA 分析和 SEM 分析中,由于效标效度需要确定一个公认的效标标准,在实际操作中难以实现,通常都只对内容效度和建构效度进行评价。

③信度和效度的关系

信度,仅考虑测量结果否一致,不涉及结果是否正确;效度,针对测量目的,考察测量的有效程度。测量结果有效是前提。在有效的前提下再考虑测量的精确性,因为可信不一定有效。影响信度的因素有两类:人为因素和客观因素。人为因素包括问卷设计、调查者和受试者水平;客观因素主要是受试者受限,样本不足够等。为保证信度,在调查方案设计和问卷设计等方面,都应有严格要求,力求科学、合理及可操作;调查实施及数据录入都应有严格的质量控制。

3) 二阶/高阶验证性因子分析

(1) 二阶/高阶模型概述

在 CFA 模型中,一般将与指标直接相连的因子称作一阶或低阶因子(如图 5.1 中的因子

ξ_1,ξ_2 和 ξ_3),在一阶因子之上,对低阶因子产生影响的因子称作二阶或高阶因子(如图 5.1 中的因子 ξ)。当一阶或低阶 CFA 模型拟合数据较好时,出于模型简化或理论考虑,有时使用一个高阶因子去解释低阶因子间的相关,即用高阶模型替代低阶模型。模型简化是指当用一个高阶因子去解释低阶因子时可以释放自由度,使模型得到简化,例如如果用一个高阶因子去解释 4 个低阶因子,可以释放 2 个自由度。另外有时也从理论的角度出发,使用一个高阶因子去解释不同的低阶成分。例如在任劢等(2016)的研究中使用了二阶验证性因子分析,由于收入质量的五个维度高度相关,收入质量概念比收入质量五个维度更高一阶,收入质量五个维度均受到收入质量影响,亦即收入质量五个维度中的任一变动,均可认为是收入质量的变动,因此从理论的角度选择了二阶验证性因子分析模型。模型如图 5.2 所示。

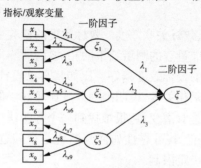

图 5.1　二阶验证性因子分析模型示意图

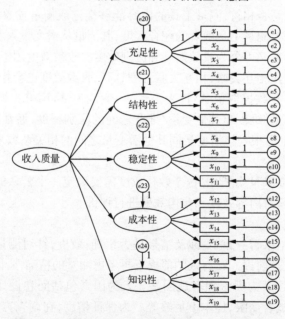

图 5.2　任劢等(2016)的二阶验证性分析模型示意图

与一阶/低阶 CFA 模型相比,二阶/高阶 CFA 模型所具有的优点总结如下:

①二阶模型可以检验一阶因子间的相关是否可由一个高阶(二阶)因子去解释。

②二阶模型比一阶模型更简约。

③二阶模型可以将一阶因子的独特性方差从测量误差中分离出来。在二阶模型中,一阶因子的测量残差即为独特性方差,即二阶因子所不能解释的一阶因子方差部分。

④二阶模型可以简化其他复杂的测量模型,如 MTMM 和潜在状态-特质模型等。

在实践中,往往研究者假设的理论模型是高阶单因子模型,而最终却保留低阶相关因子模型,这种做法显然是数据驱动的。如果从理论角度出发,选择高阶模型在多数情况下是适合的。

建立二/高阶验证性因子分析模型必须满足几个前提:一是一阶/低阶 CFA 模型拟合较好,因为高阶模型比低阶模型更节俭,如果一阶模型本身拟合不佳,采用更加节俭的二阶模型只能进一步恶化模型拟合;二是一阶因子必须高度相关,这样才能提取出它们之间的共同部分;三是满足二阶 CFA 的识别规则。通常使用目标系数(Target coefficient)来表示二阶因子能代表一阶因子的程度,该系数为一阶模型卡方值与二阶模型卡方值的比值,该值越接近于 1,则表示二阶因子越能代表一阶因子。

(2)高阶验证性因子分析模型的表达与识别

二阶模型的方程表达式:

$$Y = \Lambda_y \eta + \varepsilon$$
$$\eta = \Gamma \xi + \zeta$$

上式中,Y 向量代表指标,Λ_y 为一阶负荷,η 向量为一阶因子,Γ 向量为二阶因子在一阶因子上的负荷,ξ 向量为高阶因子,ζ 向量为一阶因子残差,ε 向量为测量误差。

二阶 CFA 的识别规则同一阶 CFA 模型。一般情况下,存在至少 3 个一阶因子时才考虑采用高阶模型。根据 CFA 识别规则,至少存在 3 个一阶因子时,模型才能识别,此时一阶模型与二阶模型等价,拟合指数相同,无法比较优劣。当仅存在 2 个一阶因子时,必须将 2 条二阶因子负荷固定相同,否则模型无法识别;当一阶因子多于 3 个时,模型超识别,可以采用似然比检验比较拟合优劣。

5.3　潜变量路径分析原理

潜变量路径分析实际上就是完整的结构方程模型分析。潜变量之间的路径分析与一般路径分析(Path Analysis)或称联立方程模型(Simultaneous Equations Model)的区别为:前者重在分析潜变量或因子间的因果关系,考虑了测量误差的存在,并在分析潜变量间的关系时排除了测量误差的影响;而后者分析的是观察变量间的因果关系,假设观察变量无测量误差(Measurement Errors)。

5.3.1　路径分析概述

路径分析(Path Analysis,PA)由遗传学家 Sewall Wright 于 1921 年首创,最近几十年广泛用于社会科学诸领域。路径分析作为多元回归模型的拓展,可以同时包含几个回归方程,解决了传统回归模型只能分析单个因变量的不足。由于同时包含多个回归模型,所以处理的变量关系更加复杂。而在社会科学研究中,变量之间彼此联系,存在复杂的关系网络,所以路径分析特别适用于检验理论假设。由于路径模型以回归分析为基础,仍然保持了回归分析的特点,所以路径模型可使用数个回归方程表达。

路径模型也常常称作因果模型(Causal Modeling),只是模型中的关系是假设的因果关系,自变量作用于因变量,而非实际的因果关系,真实的因果关系需要满足更严格的条件。检验因果关系通常使用实验研究,在严格控制变量的条件下探讨自变量与因变量之间的关系。

1)路径分析模型的分类

根据模型中变量之间的关系,将路径模型分为递归模型和非递归模型两种。如果模型中所有路径都是单向的,没有循环,这种模型称作递归模型(Recursive Model)。图 5.3 所示为几种常见的递归模型,其中图 5.3(a)为一个因变量和三个自变量,图 5.3(b)为两个因变量和两个自变量,图 5.3(c)为三个因变量和三个自变量。图 5.3(b)中的 Y_1、图 5.3(c)中的 Y_1 和 Y_2 在模型中既是自变量又是因变量,这种变量称为中介变量(Mediator 或 Mediating Variable),在两个变量中间起着中介作用。如果模型中的路径存在直接或间接的反馈或误差相关则称为非递归模型(Non-Recursive Model)。非递归模型比递归模型更加复杂,主要体现在变量间关系的解释并不那么直接,模型识别的条件也较为复杂,图 5.4 为一些非递归模型的路径图。在路径模型中,一般将变量分为内生变量和外生变量(见第 4 章)。上述模型中的自变量 X,均为外生变量,因变量 Y,均为内生变量。

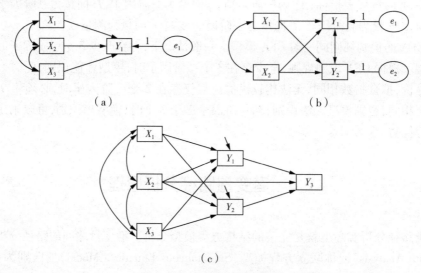

图 5.3　常见递归模型路径图

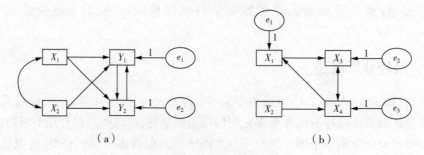

图 5.4　非递归模型路径图

2) 路径分析模型的识别

路径模型的识别需要满足如下条件(这里介绍的路径模型的识别条件也适用于潜变量路径分析):

①t 法则:$t \leqslant (p+q)(p+q+1)/2$，$t$ 为自由参数的个数，p 和 q 分别为内生和外生变量的个数;

②递归:所有的递归模型都是可以识别的;

③零 B:没有内生变量是自变量的模型都是可以识别的;

④秩条件:C_i 矩阵的秩为 $p-1$。

⑤阶条件:有 $p-1$ 个变量(内生和外生)不在方程中。

3) 路径系数估计与效应分解

路径模型中的系数称作路径系数,如果模型中只有一个因变量,路径系数可以通过使用传统的最小二乘法分别估计单独的回归方程,因变量多于一个时,使用最小二乘法将不再合适,结构方程分析软件通常采用极大似然估计进行参数估计。路径模型的一个重要优点是,可以同时对多个自变量和因变量间的关系进行估计,或者说对理论假设的变量关系进行验证。一旦最佳模型确定,参数估计完成后,就需要对变量间的关系进行分解,即效应分解。效应分解也称作相关系数分解,即将变量间的相关系数分解成不同效应部分。通常来说,研究主要关心的效应有两个:直接效应(Direct Effect)和间接效应(Indirect Effect)。直接效应指从自变量到因变量的效应,中间不经过第三个变量。间接效应指自变量通过第三个变量对因变量产生的效应。如果只存在单个中介变量,间接效应等于两个路径系数之积。关于中介效应的更多内容放在本书 5.2.4 部分专门讨论。

5.3.2　SEM 模型设定

结构方程建模与 CFA 过程基本一致,但在这里需要强调的是理论的重要意义和作用。研究者经过一系列文献回顾之后,在已有的研究结果或理论基础上会对变量之间的关系进行初步预判,提出感兴趣或可能的模型(也称假设模型),并且企图去了解模型中关系存在的事实。根据变量之间预判的关系建立概念网络(Nomological Network),这个网络可以借助路径图的形式呈现,然后收集数据对假设的模型进行验证。但在 SEM 实际分析中,即使假设的模型已经过严谨的推论,仍然会面临一些程度不一的不符合最初理想的结果。在实际研究中,要尽可能地定义出最佳结果,找出与样本数据拟合良好的特定模型并产生有意义且可以解读的结果。尽可能考虑所有可能的模型,包括竞争模型及等价模型(Equivalence Model),找出特定的模型尽可能通过协方差矩阵重复样本数据,产生拟合度高并具有意义且可以解读的结果。

如果建立的模型事先没有基于文献或理论假设,而是完全根据数据的提示修改模型,最后也能得到一个"理想"的拟合指数,但这种做法显然已不是科学研究的范畴了。在结构方程建模之前需要有合理的理论假设,变量之间的假设关系在逻辑上是合理的,否则执行 SEM 没有意义。

5.3.3　SEM 模型识别规则

本书 4.4 部分介绍了一种 SEM 的识别规则,即自由参数的个数应小于等于 $(p+q)(p+q+1)/2$,其中 $p+q$ 是观察变量的总数(p 为内生指标的个数, q 为外生指标的个数),或者自由度大于等于 0,该识别规则也叫 t 法则。另外 SEM 是否可识别还可以通过两步法则(Two-step Rule)来判定,即将 SEM 分解成测量模型和结构模型两部分分别进行识别。如果 SEM 的测量模型部分可以识别,且 SEM 的结构模型部分也可以识别,则 SEM 可以识别。

具体来说,第一步,对测量模型进行识别。不区分外生和内生变量,将所有测量模型做一个 CFA 模型进行识别(识别规则见本书 5.2)。如果测量模型可以识别,则接着进行下一步的结构模型识别检验。以图 5.5 的路径图为例,根据 CFA 的识别规则,测量模型可以识别。

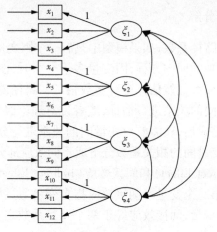

图 5.5　测量模型路径图

第二步,对结构模型进行识别。先将潜变量当作显变量,按照路径分析模型的识别规则进行判别(见本书 5.2.1),路径图如图 5.6 所示。图 5.6 中的结构模型为递归模型,根据路径模型的识别规则,所有的递归模型都可以识别。此 SEM 满足两步法则,所以可以识别。

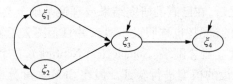

图 5.6　结构模型路径图

两步法则也可作为 SEM 的分析步骤,即首先建立测量模型再建立 SEM 全模型。当然,也可以建立全模型直接进行估计,但是如果全模型拟合得不好,就很难确定是测量模型的问题,还是结构模型的问题。而两步法先对测量模型进行估计,如果测量模型拟合不好,SEM 模型拟合情况会更糟糕;如果测量模型拟合得好,SEM 可能拟合得好也可能拟合得不好。

5.3.4　中介效应分析

中介变量在路径分析中广泛存在,用于分析自变量对因变量影响的过程和作用机制。在管理学和其他社科研究领域已有大量实证性文章对建立中介效应模型进行机制研究,例如李瑞达等(2023)基于管理创新的理性视角与制度视角,将管理创新作为中介变量,研究了市场动荡性如何影响企业外部知识搜寻,研究结果显示市场动荡性通过管理创新的 2 个子维度——组织结构创新和流程创新间接影响外部知识搜寻,路径图如图 5.7;张洁等(2023)以技术可供性理论与商业模式创新理论为基础,探讨数字化转型(数字技术水平和数字化应用范围)对企业竞争优势的影响机制,验证了市场可供性(客户行为模式识别、实时市场响应、数据驱动的市场双元性)、商业模式创新在数字化转型与竞争优势间的链式中介作用,路径图见图 5.8。相比单纯分析自变量对因变量影响的同类研究,中介分析不仅方法上有进步,而且往往能得到更多更深入的结果,这可以解释为什么中介效应分析受到重视。

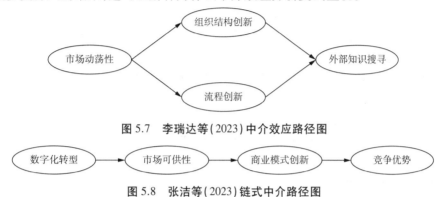

图 5.7　李瑞达等(2023)中介效应路径图

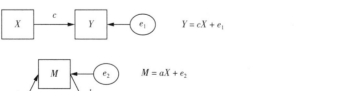

图 5.8　张洁等(2023)链式中介路径图

1) 中介变量与中介效应模型形式

考虑自变量 X 对因变量 Y 的影响,如果 X 通过影响变量 M 而对 Y 产生影响,则称 M 为中介变量。例如图 5.7 中"市场动荡性"影响企业的"组织结构创新"和"流程创新",进而影响企业的"外部知识搜寻"。本节虽然讲的是潜变量的路径分析,但是为了简便,在方程书写中省去了测量模型部分的书写,另外为了行文简便,避免在回归方程中出现与方法讨论无关的截距项,假设所有变量都已经中心化(即将数据减去样本均值,中心化数据的均值为 0)或者标准化(均值为 0,标准差为 1),可用下列回归方程来描述中介效应模型变量之间的关系(路径图见图 5.9):

$$Y = cX + e_1 \tag{5.1}$$

$$M = aX + e_2 \tag{5.2}$$

$$Y = c'X + bM + e_3 \tag{5.3}$$

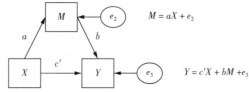

图 5.9　中介模型示意图

其中方程(5.1)的系数 c 为自变量 X 对因变量 Y 的总效应;方程(5.2)的系数 a 为自变量

X 对中介变量 M 的效应；方程(5.3)的系数 b 是在控制了自变量 X 的影响后，中介变量 M 对因变量 Y 的效应；系数 c' 是在控制了中介变量 M 的影响后，自变量 X 对因变量 Y 的直接效应；$e_1 \sim e_3$ 是回归残差。对于这样的简单中介模型，中介效应等于间接效应（indirect effect），即等于系数乘积 ab，它与总效应和直接效应有下面关系：

$$c = c' + ab \tag{5.4}$$

在中介模型中，直接效应和间接效应的符号可能一致，也可能相反。当直接效应和间接效应有着相反的符号时表现为抑制效应，此种情况也称作不一致的中介模型。此时中介变量又可称为抑制变量（Suppressor），具体指将其纳入回归方程后将增加自变量和因变量之间回归系数的变量。换句话说，自变量和因变量之间的关系受到第三个变量的抑制，如果不控制该变量，自变量和因变量之间的回归系数将变小或变为相反的关系。除抑制变量外还要注意混淆变量。混淆变量是指与自变量和因变量均相关的变量，该变量使自变量和因变量间产生虚假的关系。例如，年龄混淆了年收入和罹患癌症几率之间的关系。随着年龄增加，年收入增加，同时患癌症的几率增加，年收入与癌症之间的关系完全是由年龄造成的。这种现象经常用来解释相关不等于因果关系的情况，因为可能存在第三个变量同时影响两者。中介变量与混淆变量在概念上虽然存在明显的区别，但在统计检验上非常相似。

根据模型中中介变量的个数可以简单地将中介模型分为单中介模型和多中介（Multiple Mediators）模型。图 5.9 就是一个单中介模型路径图，也是最简单的中介模型；图 5.10（a）是一个多中介模型，即模型中存在两个中介变量，两个中介变量之间不存在单向路径；图 5.10（b）则是相对比较复杂的多中介模型，其中两个中介变量之间存在中介效应。

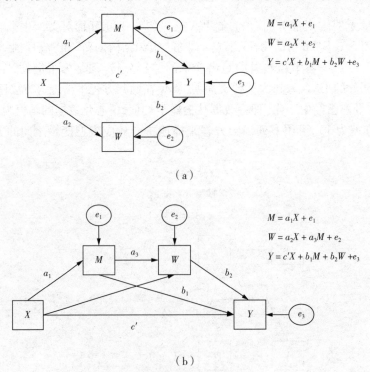

$$M = a_1X + e_1$$
$$W = a_2X + e_2$$
$$Y = c'X + b_1M + b_2W + e_3$$

（a）

$$M = a_1X + e_1$$
$$W = a_2X + a_3M + e_2$$
$$Y = c'X + b_1M + b_2W + e_3$$

（b）

图 5.10 多中介模型示意图

另外还需要注意的是，虽然中介效应分析能够分析自变量对因变量影响的过程和作用机制,但是变量之间因果关系的提出假设,应当在模型建立之前明确提出。中介效应模型中的每一个箭头表示的因果关系,包括"$X \to Y$""$X \to M$""$M \to Y$",都要有理论依据,或者有某种学科理论支持,或者有文献铺垫,或者有经验常识作为佐证,总之,因果链中的每一个关系,都要在提出假设和建模之前得到支持,否则假设的模型就没有根据。如果只有关于"$X \to M$"和"$M \to Y$"的理论支持,也可以推论"$X \to Y$",做出假设。如果两个变量 X 和 Y 的因果关系比较明确,或者人们对因果关系比较有信心,可以说"X 影响 Y",否则可以说得委婉一点:"X 对 Y 有预测作用"。

2) 中介效应检验

中介效应检验的方法很多,下面介绍几种常见的检验方法。

(1)逐步检验回归系数

逐步检验回归系数,即通常说的逐步检验法或因果步骤法,其检验步骤为:

①检验方程(5.1)的系数 c(即检验 H0:$c=0$)。

②依次检验方程(5.2)的系数 a(即检验 H0:$a=0$)和方程(5.3)的系数 b(即检验 H0:$b=0$),称为联合显著性检验。如果系数 c 显著,且系数 a 和 b 都显著,则中介效应显著。

③检验方程(5.3)的系数 c' 是否显著。如果 c' 不显著,即为完全中介效应;如果 c' 不显著,则为部分中介效应。

第一步检验的是 X 对 Y 的总效应;第二步实际上是检验系数乘积的显著性(即检验 H0:$ab=0$),通过依次检验系数 a 和 b 来间接进行;第三步检验用来区分完全中介还是部分中介。这三步其实是可以分开进行的,区分每一步的目的对理解和讨论逐步法很重要。特别地,我们将检验系数乘积(即检验 H0:$ab=0$)的依次检验与逐步法区分开来,前者是后者的一个步骤。文献提到逐步法时,有的是指全部步骤,有的却是指依次检验,注意区分。

逐步检验法要以 c 显著为前提。按照逐步检验法的要求,c 必须首先显著,否则中介变量无从谈起,而实际中 c 不显著而存在实质性中介效应的情况又非常普遍,所以使用逐步检验法将错过很多实际存在的中介效应。因此,目前学界不再以系数 c 是否显著作为中介效应是否存在的前提,但当系数 c 不显著时,研究问题的建模逻辑与系数 c 显著时不一样。如果系数 c 不显著,就说明 X 对 Y 的影响不显著,所讨论的就不再是 X 对 Y 的机制了,而是"X 为何不影响 Y",建模的逻辑不同。通常将这种情形与中介效应区分,称为"遮蔽效应"。如果间接效应和直接效应符号相反,总效应就出现了被遮蔽的情况,其绝对值比预料的要低。

(2)系数乘积检验

系数乘积的检验(即检验 H0:$ab=0$)是中介效应检验的核心,上面提到的逐步检验是对系数乘积的间接检验,想法很直观,如果检验结果是 $a \neq 0$ 且 $b \neq 0$,就可以推出 $ab \neq 0$。模拟研究发现,用逐步检验来检验 H0:$ab=0$,第一类错误率较低,低于设定的显著性水平(如 0.05)。这就是说,如果依次检验结果 a 和 b 都显著,已经足够支持所要的结果,即 ab 显著。但逐步检验的检验力(Power)也较低,即系数乘积实际上显著而逐步检验比较容易得出不显著的结论。

检验系数乘积更多的是直接针对假设 H0:$ab=0$ 提出的检验方法,其中最为常用的就是 Sobel 法。检验统计量为 $z = \widehat{a}\,\widehat{b}/S_{ab}$,其中 $\widehat{a}$ 和 $\widehat{b}$ 分别是 a 和 b 的估计,$S_{ab} = \sqrt{\widehat{a}^2 S_b^2 + \widehat{b}^2 S_a^2}$ 是 $\widehat{ab}$ 的标准误,s_a 和 s_b 分别是 $\widehat{a}$ 和 $\widehat{b}$ 的标准误。不少研究认为 Sobel 法的检验力高于逐步检验法。

但这个检验统计量的推导需要假设 $\widehat{ab}$ 服从正态分布,就算其中每一个系数都是正态分布,其乘积通常也不是正态的,因而上面标准误 S_{ab} 的计算只是近似的,可能很不准确。

(3)系数差异检验法

因为 $ab=c-c'$,所以检验间接效应也可以通过检验 H0: $c-c'=0$ 来进行,称为系数差异检验法,以区别上面讨论的系数乘积检验法。但因为系数差异检验法的第一类错误率明显高于系数乘积法,所以较少应用。

(4)Bootstrap 法

Bootstrap 法是近年来比较热门的,用于替代 Sobel 法直接检验 H0: $ab=0$ 的方法。Bootstrap 法是一种从样本中重复取样的方法,前提条件是样本能够代表总体(当然这也是通常取样进行统计推论的要求)。Bootstrap 法有多种取样方案,其中一种简单的方案是从给定的样本中有放回地重复取样以产生出许多样本,即将原始样本当作 Bootstrap 总体,从这个 Bootstrap 总体中重复取样以得到类似于原始样本的 Bootstrap 样本。例如,将一个容量为 500 的样本当作 Bootstrap 总体,从中有放回地重复取样,可以得到一个 Bootstrap 样本(容量还是 500)。类似地可以得到很多 Bootstrap 样本(比如 1 000 个),对这 1 000 个 Bootstrap 样本,可以得到 1 000 个系数乘积的估计值,其全体记为 $\{\widehat{ab}\}$。将它们按数值从小到大排序,其中第 2.5 百分位点和第 97.5 百分位点就构成 ab 的一个置信度为 95% 的置信区间,据此就可以进行检验了:如果置信区间不包含 0,则系数乘积显著。这样的检验方法称为非参数百分位 Bootstrap 法,检验力高于 Sobel 检验。检验力更高的是使用偏差校正后的置信区间,即所谓的偏差校正的非参数百分位 Bootstrap 法。在 Bootstrap 法前面加上"非参数",是因为所论的 Bootstrap 法不涉及总体分布及其参数(因而不要求正态假设),利用样本所推导的经验分布代替总体分布,属于非参数方法。目前 Bootstrap 法是公认的可以取代 Sobel 法而直接检验系数乘积的方法。不过,偏差校正的非参数百分位 Bootstrap 法在某些条件下的第一类错误率会超过设定的显著性水平,而不进行偏差校正没有这个问题。Bootstrap 法在许多统计分析软件都很容易实现。

除 Bootstrap 法外,还有乘积分布法和马尔科夫链蒙特卡罗(MCMC)法等被用来替代 Sobel 法直接检验 H0: $ab=0$,但使用较少。

3)中介效应分解

中介分析模型拟合完成后,接着需要对中介效应进行分解。通常分解的内容有:①中介效应的大小;②中介效应占总效应的比例,即 $ab/(ab+c')$;③中介效应与直接效应之比,ab/c';④分析特定中介效应的大小即通过某个中介变量的总的中介效应大小。

以图 5.10(b)为例,说明效应分解的过程。

①总的中介效应 $=a_1a_3b_2+a_1b_1+a_2b_2$。

②中介效应占总效应的比例 $=(a_1a_3b_2+a_1b_1+a_2b_2)/(a_1a_3b_2+a_1b_1+a_2b_2+c')$。

③中介效应与直接效应之比 $=(a_1a_3b_2+a_1b_1+a_2b_2)/c'$。

④通过中介变量 M 的中介效应 $=a_1a_3b_2+a_1b_1$;通过中介变量 W 的中介效应 $=a_1a_3b_2+a_2b_2$。特定的中介效应意味着,控制其他中介变量后,该中介变量的作用大小,所以通过对不同中介变量效应的比较可以确定最重要的中介变量。

5.3.5　调节效应分析

调节效应分析是路径分析中另一类常见分析模型。在管理学和许多其他社会科学研究领域,当要研究自变量对因变量的效应时,研究者对调节效应的兴趣可能远远大于对主效应的兴趣,因为调节效应能揭示更多丰富的内涵。

1) 调节变量与调节效应模型形式

当两个变量之间关系的方向和大小依赖于第三个变量时即说明存在调节效应,这里的第三个变量即为调节变量(Moderator)。图 5.11 是调节效应路径图的两种表现形式。

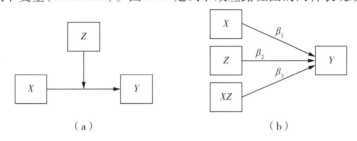

$$（a）\qquad\qquad\qquad（b）$$

图 5.11　两种调节效应路径图

在不少文献中,调节效应通常和交互效应替换使用,但是需明白,严格来说调节效应和交互效应并不是一回事,主要体现在变量在模型中的地位上。在交互效应分析时,两个自变量的地位是不固定的,其中任一变量都可以作为调节变量,或只有其中一个作为调节变量。而在调节效应分析中,根据调节变量的定义,哪个变量作为调节变量是非常明确的。因此,可以将调节效应作为交互效应的特例。

显变量的调节效应分析模型用回归方程可以表示如下:

$$Y = \beta_0 + \beta_1 X + \beta_2 Z + \beta_3 XZ + \varepsilon$$

将上述方程推广至潜变量情境,方程可改写成:

$$\eta = \alpha + \gamma_1 \xi_1 + \gamma_2 \xi_2 + \gamma_3 \xi_1 \xi_2 + \zeta$$

图 5.12 是一个典型的潜变量调节效应路径图,图中包含 2 个外生潜变量和一个内生潜变量,潜变量 ξ_2 对潜变量 ξ_1 存在调节效应,每个潜变量包含 3 个测量指标。

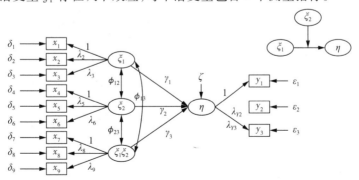

图 5.12　潜变量调节效应路径图

2) 调节效应检验

与中介效应检验不同,显变量的调节效应检验与潜变量的调节效应检验方法存在很大的不同,下面将分别进行介绍。

(1) 显变量的调节效应检验方法

①当自变量和调节变量都为类别变量时,检验方法为两因素的方差分析。

②当自变量为连续型变量、调节变量为类别变量时,检验方法一:分组回归法,即先按 M 的取值进行分组,再在各组内分别作回归,如果各组回归系数存在显著差异,则调节效应显著;检验方法二:将类别调节变量转变为虚拟变量,再进行层次回归。

③当自变量为类别变量、调节变量为连续型变量时,先将自变量处理为虚拟变量,做中心化处理后再做层次回归。如果乘积项的回归系数显著,则调节效应显著。

④当自变量和调节变量均为连续型变量时,检验方法为自变量和调节变量中心化后再做层次回归。

上面提到的两因素方差分析、分组回归、层次回归等分析在流行的统计分析软件中均可运行,在结构方程模型分析软件中也可较容易地实现。

(2) 潜变量的调节效应检验方法

潜变量调节效应分析方法可以大致分为如下两类:乘积指标项法和分布分析法。下面分别对这两种方法进行介绍。

①乘积指标法

乘积指标法保留了显变量交互效应检验法的特点,需要人为构建交互项。但在潜变量模型中交互项构建不像显变量模型中那样简单,存在不同的乘积指标生成策略(即图 5.12 中 x_7、x_8、x_9 的生成策略),同样的数据选择不同的策略可能产生完全不同的参数估计结果,所以选择哪种策略对于乘积指标法尤为重要。

常见的产生乘积指标的策略有三种。

a.所有可能的乘积指标。例如图 5.12 中 ξ_1 和 ξ_2 分别包含 3 个指标 x_1—x_3 和 x_4—x_6,则存在 9 种可能的乘积指标,即 x_1x_4、x_1x_5、x_1x_6、x_2x_4、x_2x_5、x_2x_6、x_3x_4、x_3x_5 和 x_3x_6。

b.配对乘积指标。采用配对乘积法,上例可以产生 3 个配对指标,即 x_1x_4、x_2x_5 和 x_3x_6。

c.单一乘积指标。只使用所有乘积指标中的一个作为交互潜变量的指标。

有学者(Marsh 等,2004)系统比较了上述三种产生乘积指标的策略。在综合考虑模型简洁性、拟合指数、估计偏差和精确度之后,发现配对乘积指标较好,其他研究者也得到类似的结论(Saris 等,2007)。配对乘积通常根据指标负荷大小进行配对,即高负荷指标间配对、低负荷指标间配对。

乘积指标法除交互性指标构建较为复杂外,还面临乘积项非正态分布的问题,基于正态分布假设的显著性检验结果和置信区间将产生偏差。因此,在进行潜变量调节效应检验时一般不推荐该方法。

②分布分析法

分布分析法不使用乘积指标,而是直接对测量指标的非线性多元分布进行建模,包括潜调节结构方程(Latent Moderated Structural Equations,LMS)方法和准极大似然(Quasi-Maximum

Likelihood，QML）方法。

LMS 解决了乘积指标法面临的两个问题，即乘积指标生成和乘积项非正态分布。LMS 将非正态分布视作条件正态分布的混合（Mixture of Conditionally Normal Distributions），因此交互效应项不需要人为构造指标，避免了不同乘积指标生成策略产生参数估计不一致的问题。LMS 不需要交互效应项正态分布的假设，所以也解决了乘积项非正态产生的估计偏差问题。LMS 需要使用原始数据的全部信息，所以在分析时需要使用原始数据。参数检验使用 Wald 2 检验，嵌套模型的比较使用似然比检验，但就通常的研究样本量，似然比检验优于 Wald 检验。LMS 不提供模型拟合指数，模型比较可使用信息指数 AIC 和 BIC。更多的技术细节请参见 Klein 等（2000）和 Kelava 等（2011）。LMS 的困难在于寻找合适的条件变量，且需要用到比较高深的数学知识，好在 LMS 已经可以在 Mplus 上实现，具体程序见本书 5.5 节，读者可仿照本书 5.5 节中的程序写出自己需要的程序进行应用。

QML 方法处理全部指标的联合分布的非正态性时也涉及条件分布的概念，但思路与 LMS 方法不同。为了简单明确起见，设内生潜变量（因变量）η 有 3 个指标：y_1、y_2、y_3；外生潜变量（自变量）ξ_1 和 ξ_2 分别包含 3 个指标 x_1—x_3 和 4 个指标 x_4—x_7。注意到联合分布的非正态性来自（y_1、y_2、y_3）的非正态性，QML 方法首先对指标进行变换，使得变换后只有一个指标是非正态的。举一个很简单的例子，假设 η 的指标的负荷都相同，并且都等于 1，此时有 $y_1 = \eta + \varepsilon_1$，$y_2 = \eta + \varepsilon_2$，$y_3 = \eta + \varepsilon_3$，做变换 $y_2^* = y_2 - y_1 = \varepsilon_2 - \varepsilon_1$，$y_3^* = y_3 - y_1 = \varepsilon_3 - \varepsilon_1$，则 y_2^* 和 y_3^* 都是正态分布（因为测量误差假设为正态）。这样，$(x_1, x_2, x_3, x_4, x_5, x_6, x_7, y_2^*, y_3^*)$ 是正态的。根据概率理论，可以将密度函数 $f(x_1, x_2, x_3, x_4, x_5, x_6, x_7, y_1, y_2, y_3)$ 表示为密度函数 $f(x_1, x_2, x_3, x_4, x_5, x_6, x_7, y_2^*, y_3^*)$ 与 y_1 的条件密度函数 $f(y_1 | x_1, x_2, x_3, x_4, x_5, x_6, x_7, y_2^*, y_3^*)$ 的乘积。前者是正态的，而后者 y_1 的条件分布不是正态的，这个一维分布可以用一个条件正态分布去近似，使得两个条件分布的均值和方差都相等。这样，全部指标组成的非正态分布密度函数就近似等于一个正态密度函数和一个条件正态密度函数的乘积。对这个近似后的密度函数使用通常的极大似然方法，就是所谓的准极大似然方法，即 QML 方法。QML 方法的推导过程也需要高深的数学知识，准极大似然函数使用了 Newton-Raphson 算法。Cudeck 等（2009）给出了一个替代的计算程序——边际极大似然估计（Marginal Maximum Likelihood Estimation）。QML 目前还不能在常用结构方程软件中实现，而要使用 Andreas Klein 开发的专门软件 QML。

5.4　模型评估与修正

5.4.1　模型评估

模型拟合（Model Fit）用于评估样本方差-协方差矩阵（S）与理论模型生成的方差-协方差矩阵（E）之间的差距。用于评价 CFA 模型拟合质量的评价指标很多，主要分为三大类，分别是假设检验卡方、近似拟合检验和信息指数。如同传统的显著性假设检验一样，如果模型隐含的方差-协方差与观测到的样本方差-协方差之间的差异达到一定显著性水平（如 0.05 或0.01）的临界值，那么模型将被拒绝。相反，如果差异低于临界值便接受模型。模型隐含的方差-

协方差与观测方差-协方差之间的差异服从卡方分布,所以采用卡方检验来衡量这个差异是抽样误差造成的还是实际存在的。由于卡方容易受到其他因素的干扰(如样本量),所以研究者们又提出了其他评价模型拟合的指标,这些指标统称为近似拟合检验(Approximate Fit Tests)。另外,信息指数则是用于比较不同模型的数据拟合效果,以便在多个模型中找出参数估计比较稳定的模型。拟合指数反映的是模型整体的拟合程度。换句话说,是将模型各方面的差异用一个整体的数值来表示。

1)假设检验卡方

卡方(Chi-Square,χ^2)统计量是最基础也是报告最多的拟合指标,而且多数拟合指标也是基于卡方统计量演变而来的。卡方统计量根据如下公式得到:

$$T = (N-1)FML$$

FML 为使用 ML 或其他估计法得到的最小拟合函数值,N 为样本量。当样本足够大,且符合多元正态分布时,$(N-1)$FML 服从中央卡方分布(Central Chi-Square Distribution),即从样本获得的值接近于卡方真值。SEM 软件会报告卡方值及显著性检验的结果。

然而在实际研究中,常得到显著的卡方检验结果,即拒绝研究提出的模型,特别是当样本量较大时更容易出现。这主要是由于卡方易受如下因素影响:

第一,样本量。卡方统计量对样本量非常敏感,倾向于随样本量的增加而变大。当样本量很大时,即使观测的方差-协方差矩阵和模型隐含的方差-协方差矩阵之间差异很小也很容易得到显著的卡方差异。在测量不变性的模拟研究中也发现类似的情况。

第二,数据分布形态。SEM 最常用的 ML 估计法的前提假设是变量符合多元正态分布,如果违反此假设的前提将会影响卡方统计量的准确性,当数据非正态分布时可以选择其他估计法或报告校正卡方统计量(其中最常用的为 $S\text{-}B\chi^2$,在 Mplus 中可使用 MLM 估计法得到此统计量)。

第三,观测指标的质量。观测指标之间的相关系数较高时也会高估卡方统计量。

正是由于以上原因,在实践中研究者往往忽略显著的卡方差异检验结果,而将近似拟合指数作为接受模型的依据。另外,有时为了校正自由度对卡方的影响,常采用卡方与自由度之比($\chi^2/\mathrm{d}f$)来评价模型拟合。

2)近似拟合检验

近似拟合检验按照不同的标准可以进行不同的分类,但最常见的是将其分为如下三类:绝对拟合指数(Absolute Fit Indexes)、增值拟合指数(Incremental Fit Indexes)或比较拟合指数(Comparative Fit Indexes),以及简约拟合指数(Parsimony-Adjusted Index)。限于篇幅,下面只介绍几种常用的近似拟合指数。

(1)拟合优度指数

拟合优度指数(Goodness-of-Fit Index,GFI)可用下式表示:

$$GFI = 1 - \frac{C_{res}}{C_{total}}$$

GFI 属于绝对拟合指数,类似于回归模型中的决定系数 R^2,即整个模型可以解释样本方差-协方差的程度。上式中的 C_{res} 和 C_{total} 分别表示样本方差-协方差矩阵中的残差和总变异。如果残差变小，GFI 增大，整个模型可解释总变异的比例增大，拟合变好。GFI 对样本量不敏感。

（2）规范拟合指数和非规范拟合指数

规范拟合指数（Normed Fit Index，NFI）的取值范围多数都在 0 到 1 之间，其中 NFI 提出较早，其意思指研究模型与拟合最糟糕的独立模型相比的改善情况，其式如下：

$$NFI = (\chi^2_{M0} - \chi^2_{M1}) / \chi^2_{M0}$$

χ^2_{M0} 指变量之间不相关的独立模型的卡方值，χ^2_{M1} 指研究设定模型的卡方值。χ^2_{M1} 越大拟合越差。当研究的模型与理论暗含的模型相差较小时，NFI 接近于 1，反之接近于 0，一般以 0.9 作为临界值。NFI 受样本量影响较大，其值随样本量的增加而变大，且会受到模型复杂程度的影响，所以研究者提出了考虑模型复杂度的校正指数非规范拟合指数 NNFI（onnormed Fit Index，NNFI），也称作 Tucker-Lewis index（TLI），其式如下：

$$NNFI = [(\chi^2_{M0} / df_{M0}) - (\chi^2_{M1} / df_{M1})] / [(\chi^2_{M0} / df_{M0}) - 1]$$

由于 NNFI 的取值会超出 0~1 的范围，所以将其称为非规范拟合指数。通常将 TLI>0.90 作为可接受的标准，TLI>0.95 则表示拟合较好。

（3）比较拟合指数

比较拟合指数（Comparative Fit Index，CFI）由 Bentler 提出（1990），最早仅用于 EQS 软件，现在被所有结构方程模型软件采用，是目前使用最广泛、最稳健的指标之一。CFI 对样本量不敏感，在小样本中也表现不错。其公式如下：

$$CFI = 1 - (\chi^2_{M1} - df_{M1}) / (\chi^2_{M0} - df_{M0})$$

CFI 表示相对于基线模型（变量间不相关的独立模型），研究模型的改进程度，当 CFI = 1 时仅指 $\chi^2_M \leqslant df_M$，而非模型拟合完美。CFI 基于非中央 χ^2 分布假设的统计量，当此前提不满足时结果不精确。Hu 和 Bentler（1999）给出的取值范围是大于 0.95，并推荐与 SRMR（$\leqslant 0.08$）配合使用。

（4）标准化残差均方根

除了可以从模型拟合的角度对模型进行评价，也可以从残差的大小来考察模型的拟合程度，进而对模型拟合情况进行评价。标准化残差均方根（Standardized Root Mean Square Residual，SRMR）就是直接对残差进行评价的指标之一，其取值范围在 0 到 1 之间，当值小于 0.08 时，表示模型拟合理想。SRMR 易受样本量影响，在处理类别数据时，SRMR 表现不佳。

$$SRMR = \sqrt{\left[2 \sum_{i=1}^{p} \sum_{j=1}^{i} (s_{ij} - \widehat{\sigma}_{ij} / s_{ii} s_{jj})^2 \right] / p(p+1)}$$

p 为观测变量的个数，s 为观测协方差，$\widehat{\sigma}_{ij}$ 为模型生成的协方差，s_{ii} 和 s_{jj} 为观测变量标准差。

（5）近似误差均方根

近似误差均方根（Root Mean Square Error of Approximation，RMSEA）由 Steiger 等（1980）提出，其公式如下：

$$RMSEA = \sqrt{\frac{\chi^2_M - df_M}{df_M(N-1)}}$$

$$RMSEA = \sqrt{\frac{\chi_M^2 - \mathrm{d}f_M}{\mathrm{d}f_M(N-1)}} \sqrt{G}$$

式中,χ_M^2 和 $\mathrm{d}f_M$,分别表示研究所假设模型的卡方值和自由度,G 为组别数。

RMSEA 在多样本建模时存在误差,后来 Steiger(1998)对此进行了校正,使之适用于多组模型。当在单样本中建模时 $G=1$,结果同前,可见原公式是修正后的特例。Mplus 采用修正后的公式。RMSEA 受样本量影响小,对模型误设较敏感,同时惩罚复杂模型,是比较理想的拟合指数,被广泛使用。RMSEA 虽对模型复杂程度进行了惩罚,但随着样本量的增加,惩罚的力度递减。当样本量小于 200 时,RMSEA 容易低估模型拟合。通常推荐小于 0.08 作为可接受的模型,小于 0.05 作为良好模型的阈限。在 Mplus 中,程序会计算 RMSEA90% 的信度区间和单侧检验的显著性,不显著的结果提示支持研究模型。

3) 信息指数

信息指数中最常用的有 AIC、SC、BIC 等,计算公式如下:

$$AIC = \chi^2 + 2K$$

$$SC = \widehat{F} + K\frac{\ln N}{N}$$

$$BIC = \chi^2 + K\ln\left\{N\left[\frac{q}{2}(q+1)\right]\right\}$$

其中,$\widehat{F}$ 是参数估计时拟合函数的估计值;χ^2 是 $(N-1)\widehat{F}$;N 是样本容量;q 是可测变量个数,包括内生变量和外生变量;K 是模型的自由参数个数。

AIC(Akaike Information Criterion,阿凯克信息准则)是用于比较不同模型拟合数据效果的一种信息指数,其数值越小,表明模型拟合效果越好。SC(Schwart Criterion,赤池信息准则)和 BIC(Bayesian Information Criterion,贝叶斯信息准则)与 AIC 一样,依赖于样本容量,用于在多个模型中找出参数估计比较稳定的模型。

比较上述公式可以看出,SC 比 AIC 更加关注对模型的简约,即对加入过多的参数进行惩罚。通常在利用信息指数时,都希望选 AIC、SC 最小的模型,但往往两个指标的结果并不一致,N 较大时,SC 比 AIC 对参数增加的惩罚力度要大。因此,除了利用信息指数提供的信息外,还要关注模型的解释。

表 5.3 中呈现了一些常用的模型拟合评价指数和评价标准,模型拟合评价指数的具体原理介绍在本书 5.3 中进行。各种结构方程模型分析软件需要指出的是,在根据拟合指数评价模型并做出选择时一定要抱着审慎的态度,不能简单地根据单个拟合指数的结果来做判定。同时也应认识到即使拟合指数达到了要求,也不能说明模型必定是有效的。正确的做法是,综合多个拟合指数的结果以及模型预测力等多方面的信息来做判断,这样才能将犯错误的可能降到最低。拟合指数只能帮助我们得到相对最好的模型,而不能告诉我们最正确的模型。

表 5.3 常用拟合指数说明表

类别	拟合指数名称	判定标准
假设检验卡方	卡方统计量(χ^2)	$p > 0.05$,卡方值越小越好
	卡方自由度比(χ^2/df)	小于 3

类别	拟合指数名称	判定标准
近似拟合检验	拟合优度指数（GFI）	>0.9
	规范拟合指数（NFI）	>0.9
	非规范拟合指数（NNFI/TLI）	>0.9
	比较拟合指数（CFI）	>0.9
	标准化残差均方根（SRMR）	<0.08
	近似误差均方根（RMSEA）	<0.08
信息指数	Akaike 信息准则（AIC）	越小越好
	贝叶斯信息准则（BIC）	越小越好
	赤池信息准则（BC）	越小越好

5.4.2　模型修正

1）模型修正的作用

通常执行结构方程建模并不能一次就得到理想的模型。如果模型拟合数据不理想，可能是模型的问题或理论本身的不足，即结构假定有误，也可能是数据的问题。结构的假定有误可能是由于外部界定有误或内部界定有误，外部界定有误一般是由于遗漏了一些可测变量或潜变量，而内部界定有误是由于遗漏或错误假定测定模型和结构模型的路径。数据的问题主要表现为：数据不满足正态分布的假定；测量尺度不满足要求，一般要求至少为定距尺度；不是线性关系以及有缺失值未处理等。模型拟合不理想可以根据其产生原因进行处理，有多种途径。当模型不合适是内部界定错误导致时，模型可以通过不断修正加以改进；其他原因导致的不合适则无法仅通过修正对模型改进，而需根据具体原因采取相应措施改进，例如对于外部接待有误导致的拟合不理想，可以对原模型重新定义形成新模型；对于数据问题导致的拟合不理想，可以收集新样本再对原模型进行验证。本章讨论的模型修正，是基于已有的数据，探讨假设模型是否需要修正，如果需要并且可以修正，应该在哪些方面修正以及如何修正？

通过模型修正的过程，可以发现数据采集中的问题，特别是量表设计的问题。模型修正的意义在于用所获得的数据考察依据相关理论提出的初始假设模型。如果假设模型偏离数据所揭示的情况，则需要根据数据所反映的情况对初始模型进行修正，不断重复这个过程，直至得到一个与数据拟合较好而同时模型总体的实际意义、模型变量之间的实际意义和所得的参数都有合理解释的模型为止。主要参考的标准有以下几方面。

①结构方程模型所得的结果是适当的。主要是模型总的拟合指标较好，各个参数的值和相关性等处在合理的范围之内，没有出现某个方差的值为负的现象，同时所提供的数据并不否决该模型等。

②所得的模型总体的实际意义、模型变量之间的实际意义和所得的参数与实际的假设的关系是合理的。可能一开始对某些变量之间的关系没有充分认识或者不太确认，用实际数据进行验证时，会证实或者否决开始所假定的关系，修正后的模型不能与开始根据实际意义所能

够确认的关系相违背或者有矛盾。

③参考多个不同的整体拟合指数,如 NFI、CFI、RMSEA 和卡方值等进行判断是否符合所要求的判定标准。

2)模型修正的基本原则

结构方程模型的修正一般应遵循两个原则,即省俭原则和等同模式。

(1)省俭原则

省俭原则(Principle of Parsimony)是指当两个模型同样拟合数据时,即拟合程度相差不大的情况下,应取两个模型中较简单的模型。假设要测量一个年级共 400 人的学习能力,现有语文、政治、历史、数学、物理和化学几门课程的考试成绩,可能提出两个假设模型,模型甲和模型乙。在模型甲中认为学生的学习能力由语文、政治、历史、数学、物理和化学几门课程成绩来测量;在模型乙中语文、政治、历史是文科能力这个潜变量的可测变量,数学、物理和化学成绩是理科能力这个潜变量的可测变量,且文科能力和理科能力又是学习能力的影响因素。从模型的结构看,模型甲要比模型乙简洁,因为仅仅需要估计 6 个因子载荷,即语文、政治、历史、数学、物理和化学成绩作为学习能力的因子载荷;而模型乙不仅需要估计 6 个因子载荷,还要估计文科能力和理科能力对学习能力的路径系数。

由于对实际问题的认识不同,会出现不同的假设模型。当两个模型采用的数据相同,即样本协方差阵相同时,若模型甲和模型乙的拟合程度接近,模型修正所得到的标准基本相同,可以认为模型甲是一个更可取的模型。因为采用一个潜变量(学习能力)的简单模型,已经能够解释各个变量之间的关系且符合实际意义和开始的假设,从省俭的角度应该采用模型甲。

应用省俭原则的前提是两个模型修正后所得到的拟合指数相近,如果不相近,或者差距很大,应该采用对数据拟合更好的模型,而暂且不考虑模型的简洁性。最终采用的模型应是用较少参数但符合实际意义,且能较好拟合数据的模型。

(2)等同模式

等同模式(Equal Model)指采用其他方法表示各个潜变量之间的关系,也能得出基本相同的结果。如假设有一个样本数据集合,A、B、C、D 这 4 个模型都和原始数据的拟合程度相同,并且这 4 个模型所包含的待估计参数也是相同的,就称作 A、B、C、D 这 4 个模型是等同模式,简单概括为:参数个数相同、拟合程度相同的模型是等同模式。

等同模式已经有一些研究成果。如有研究者分析过一个极简单的仅包含三个潜变量的模型就有 15 个等同模式;也有研究者指出,一般的等同模式在其他的统计方法中也出现过。例如,在一个简单的回归分析中,用变量 A 预测 B,得到拟合指标 R^2;如果用 B 预测 A,也得到相同的拟合指标 R^2。拟合指标相同,哪个模型更可取,仅仅从统计中得不出结果,需要从变量的实际意义进行分析。有人也分析过如何对待和处理等同模式。目前的研究更多是从学术角度进行分析,不具有操作性。有兴趣的读者,可以关注该方面的研究成果。

处理等同模式主要可以采用两种方法:实际意义和多次验证。实际意义是选择模型的重要基础和出发点。在逐个分析模型时,应该首先从实际意义判断模型的合理性。比如在关于学生成绩的研究中,性别、家庭的经济收入、父母的学历、家庭的和睦程度等相关,如果有家庭住房条件加入,就需要从常理和实际意义考虑,家庭住房可能没有家庭收入更能反映家庭经济状况。一个拟合再好，但没有实际意义，无法对现象作出很好解释的模型是没有用的。多次验证是指搜集不同的数据对等同模型进行验证，例如可以搜集这个群体的多个时间段的数据，重新构建模型进行验证，判断哪个模型是最合适的；也可以开始采集足够多的观测数据，将数据集分为两个或多个样本，用一部分数据建模，再用另一部分数据验证得到模型的适合性，也就是交互验证。

3) 模型修正的流程

模型修正是试图寻找最佳模型或说最适合数据结构关系的模型。在开始寻找最佳模型时，首先应该作一零模型的卡方检验，看看是否可能存在最适合模式：以各个模型中最小的卡方值，即以最大的自由度作测试。若零模型不能满足数据拟合的要求，则在这种模型中，不能找到一个拟合的模型，需考虑另外的模型，比如增加或减少可测变量或潜变量等，或寻求更新的实际含义支持的其他模型。

进行上述检验后，需要找出最合适的模型，设开始假设的模型为 M1，如果 M1 所得到的拟合指数不符合模型最优判断的标准，则需要进行模型修正，修正的具体操作方法见本章第二节。假设通过修正后得到 M2，如果 M2 比 M1 卡方值要小，且 M2 与 M1 的卡方值差异显著，则认为修正后 M2 比 M1 要好，否则就保留 M1，重新对 M1 进行修正。

重复进行上一过程，直到所得出模型的拟合指数符合模型最优判断标准，模型修正结束。选择最后修正的模型作为所采用的模型。

4) 模型修正的依据

模型修正有两个方向：一是向模型扩展方向修正，即放松一些路径的限制，提高模型的拟合程度；二是向模型简约方向修正，即删除或限制一些路径，使模型变得更简洁。显然，两者不能同时兼顾，但无论怎样修正，其最终目的都是获得一个既简约又符合实际意义的模型。按这两个方向修正，主要依据修正指数（Modification Index，MI）和临界比率（Critical Ratio，CR）的大小变化进行调整。

（1）修正指数

利用 MI 修正模型，是朝模型扩展方向进行修正。在模型评价时，引入卡方（χ^2）值作为评价指标，在所有能够建立的模型中，独立模型的卡方值最大。当模型对数据拟合效果提高，卡方值就会减小。模型对数据拟合越好，卡方值就越小。如以独立模型为基准模型，定义模型即假设模型将原固定为 1 的参数恢复为自由参数时，定义模型比独立模型拟合效果好，卡方值应减小。因此，可以利用卡方值的变化来修正模型。修正指数即两个模型卡方值之差，计算公式如下：

$$MI = \chi_I^2 - \chi_M^2$$

式中，χ_I^2 是独立模型或基准模型 χ^2 值；χ_M^2 是假设模型（定义模型）χ^2 值。

MI 反映的是一个固定或限制参数被恢复为自由时 χ^2 值可能减少的最小的量。一般认为模型修正后，MI 变化很小，修正没有意义。由于 χ^2 值遵从 χ^2 分布，在显著性水平 $\alpha = 0.05$ 时，临界值为 3.84，因而，通常认为 MI>4，对模型的修正才有意义。

利用 MI 进行模型修正，是通过放松对变量间关系的约束，使得修正后模型的 χ^2 值与原模型相比大大减少。如在两个变量之间增加设定相关变量,或每一组变量间加一个相关变量,或将直接作用变换为间接作用等。增加路径,寻找 MI 最大值,若增加某一路径的实际意义不明确,可以删除。删除后,重新建模,利用拟合指数评价,若效果不错,表明删除合理。变量间的路径关系或相关关系都可增加或删除。当多个路径系数的 MI 值都大于 4 时,一般选择 MI 值最大的路径系数先释放,如果该约束放松,实际不合理时,可以选择次之的路径。实际应用时需要考虑放松此参数是否有理论基础,即是否能从实际意义上加以说明。有研究者指出,在有合理解释下潜变量之间的相关,可以允许自由估计其参数值,但是对于指标或变量间的误差项相关,除有特殊理由,如其指标或变量间可能存在实际有意义的经济关系,一般不要随便设其误差项间具有相关性。

由于数据之间是联动的,改变任何一个参数都会导致整个方差-协方差矩阵发生变化,所以在具体模型修正过程中,每次只修正一个参数,通常是从修正指数最大的开始。对于数值最大的修正指数,如果没有对变量间放松的合理解释,只能跳过这个参数,改为考虑第二大数值的参数修正,再审查放松限制的合理性,依此类推,直至得到一个合理的模型。如果是比较几个已知模型,则不需考虑修正指数,直接比较模型的拟合指数就可以作出判断和选择。

修正指数是基于残差分析的统计指标,完全由数据驱动,如果全部接受 MI 的提示,最后得到的是饱和模型,此时数据和模型拟合趋于完美,所以在根据 MI 做修改时一定要有理论依据或在逻辑上说得通,否则很难将结果概化到其他样本中去。由于模型修正具有数据驱动的特点,通过修正得到的最终模型应该进行交叉验证。

在 Mplus 中通过在 OUTPUT 命令中加入 MODINDICES 语句获得 MI 值和预期参数变化值。程序默认的 MI 值是 10,即超过 10 会报告。如果需要报告所有的 MI 值(涉及 ON,WITH 和 BY 关系的所有可能的 MI 值),可在 MODINDICES 后加上"(ALL)"。如果只想获得大于某一特定值的 MI,只需将括号中的 ALL 换成相应数值即可,如 MODINDICES(50)。

(2)临界比率

利用 CR 修正模型,是朝着模型简约方面进行修正。MI 修正是利用释放参数,考察使 x^2 值减少的程度作出判断。但释放参数的同时,自由度也减小,换句话说,如果将原来自由的参数加以限定或固定,则有较多的自由度,但 x^2 值也较大。因此,简化模型增加了自由度 x^2 值也加大,即拟合程度降低。为了考察简化模型的效果,当然希望简化的结果使得自由度增加的同时 x^2 值不要上升太多,即通过限定参数,大大增加自由度而增加很小的 x^2 值。CR 是 x^2 值与自由度的比值,其计算公式如下:

$$CR = \frac{x^2}{df}$$

从上式可以看出,CR 是通过自由度 df 调整 x^2 值,以供选择参数不是过多,又能满足一定拟合程度的模型。模型修正时,通过限定参数,大大增加自由度而增加很小的 x^2 值,若将限定参数后的模型记为简单模型,原模型为复杂模型,考察参数限定是否合理,利用两个模型 x^2 值之差,除以两个 x^2 值自由度之差,生成新的 CR 值。如果其检验显著,即概率 p 小于 0.05 或 0.01,则表明参数限定不合适,复杂模型较好;若 CR 值不显著,表明两模型拟合效果差不多,参数限定合适,可取简单模型。模型修正时,观察寻找 CR 最小者。若临界比率是对单个参数调整进行的计算,修正时可以考虑将其设为 0;若临界比率是对两个变量之间路径关系进行调整得到的结果,修正时可以设定为相等。

5) 模型修正的内容

模型修正主要基于已有数据对模型进行调整,通常可以考虑从测量模型与结构模型两个方面着手。

(1) 测量模型修正

测量模型的修正涉及 Λ_x、Λ_y、φ、ε、δ 的变动。在参数检验时有问题,如参数取值不合理(不恰当)、参数显著性检验未通过,或由于参数设置不合适,导致模型整体拟合效果不好,可以考虑对参数进行修正。修正的内容通常是改变相应的矩阵。

① 添加或删除因子载荷

这一修正是改变矩阵 Λ_x、Λ_y,即对可测变量与潜变量之间关系进行修正。如 Λ_y 中有些参数的显著性检验未通过,在一般的 SEM 分析软件的参数估计结果中,对每一个可测变量的系数都有类似于线性回归中参数显著性检验的 t 值,同时给出原假设系数为零成立的概率 p。若以 5% 显著性水平检验,如果 p 值大于 0.05,则该系数为 0 的概率较大,表明引入可测变量与潜变量的这个关系不合适,应限定它们之间关系为 0,则矩阵中与其相应的元素被修改为零。类似地,还可以对原限定为 1 的参数修改为需要估计的自由参数等。

② 添加或删除因子之间的协方差

这一修正是改变矩阵 ϕ,即对潜变量之间是否相关做的调整。如初始设定 ξ_1 与 ξ_3 之间存在相关关系,则 ϕ 中含有 ϕ_{13} 这一元素,但参数估计后,ϕ_{13} 的取值与实际不符,这可能是初始设置不合理造成的,可以考虑将 ϕ 中 ϕ_{13} 这一元素修改为零。

③ 添加或删除测量误差的协方差

这一修正是改变矩阵 ε、δ,即分别对外生和内生可测变量误差项之间是否相关进行调整。如初始设定内生可测变量 y_1 与 y_3 的误差项 ε_1 与 ε_3 相关,则 ε 不是对角阵,在第一行第三列或第三行第一列的位置,有 ε_1 与 ε_3 的协方差。若参数估计后发现该协方差值为负,显然不合理,可以考虑该协方差为 0,则矩阵 ε 中相应位置的元素被修正为 0。一般来说,在选择可测变量时,应尽量避免同一潜变量的不同可测变量之间相关。

(2) 结构模型修正

结构模型修正涉及参数 B、Γ 和 ζ,主要是增减潜变量数目、改变潜变量之间路径关系或模型残差项之间关系。

① 增加或减少潜变量数目

这一修正是改变系数阵 B 或 Γ 的行数或列数。如果变动矩阵 B 的行数,相当于增加或减少内生潜变量的数目,即增加或减少方程个数;如果变动矩阵 Γ 的列数,相当于增加或减少外生潜变量数目,这一修正通常是在内生潜变量不变的情况下进行的调整。

② 添加或删减路径系数

这一修正是在内生、外生潜变量数目不变的条件下,对矩阵 B 或(和)Γ 中的待估计元素所做的调整,即变动潜变量之间的路径关系。如某个路径系数的检验有问题,可以考虑删减该路径;模型拟合程度较低,而其他修正已无明显效果,可以考虑是否原设定无路径关系的潜变量之间应添加路径关系等。变动矩阵 B 是添加或删减内生潜变量之间的路径系数,变动矩阵 Γ 是添加或删减内生潜变量与外生潜变量之间的路径系数。这一修正借助 MI 和 CR 可以较为有效地完成。

③添加或删除残差项的协方差

这一修正是在内生、外生潜变量数目以及相互间路径关系不变的情况下,对矩阵ζ中非对角线上元素所做的调整,即变动残差项之间的关系。如某两个残差项的协方差估计值为负,或显著性检验未通过,表明设定两者之间有相关不合理,或之间的相关与零有显著差异,则该项关系应被删除,即ζ中相应位置的元素应为零。

模型修正可以通过对自由参数的设定,潜变量数目的增减等进行。修正过程主要依据修正指数(MI)、临界比率(CR)的变化,同时也参考各种拟合指数、方程的测定系数等指标,保证最后的模型既简约,又能通过各种检验,特别是能够对现象做出合理解释。

结构方程模型应用时,要注意以下问题。首先,要了解数据与模型吻合的意义,当数据与模型吻合时,只表示数据并不否定研究者所建立的理论模式,但不能说模型是正确的,必须经过模型和变量的实际意义的分析,这是首先的一步和分析过程中重要的一步工作。其次,适合数据的模型可能非常多,因此研究者应该采用上面所讲的两个方法来分析比较不同模型。再次,在检查模型整体拟合度时,应该考察多个不同类型的表现稳定的拟合指数,如 NFI、CFI、RMSEA 和卡方值等。同时也要考虑个别参数的拟合度和合理性。另外,如果数据量较大,可采用交互验证来确定模型的适用性。

5.5　结果报告

在完成结构方程模型的分析之后,就需要对获得的结果进行解释和报告。通过上述分析可以获得各方面的信息,而且 SEM 软件也会报告大量的分析结果(如多种拟合指数),针对这么多信息,如何进行选择和报告呢?虽然对于报告哪些结果目前尚没有公认的标准,但已有研究者从实践出发对 SEM 的结果报告进行了总结(Jackson 等 2009),根据相关研究目前 SEM 结果报告主要涉及以下 5 个方面的内容。

(1)理论建构和数据收集

①模型建构的理论或实证依据;

②模型检验数量和类型(因子间是相关、直角还是层级的);

③具体的模型设置(指标与潜变量之间的明确关系);

④模型路径图;

⑤样本特征(取样方法、样本量、所选目标样本依据);

⑥等价模型的排除;

⑦模型是否可以识别。

(2)数据准备

①数据正态性检验;

②缺失值分析及处理方法;

③指标类型的说明(名义的、类别的还是连续的);

④数据转换的说明(如是否打包);

⑤数据分析的水平（指标和分量表）。

（3）模型分析

①分析所用矩阵的类型（协方差和相关）；

②矩阵是否可供读者索取；

③采用的参数估计方法及依据；

④潜变量定义的方法（固定方差还是固定负荷）；

⑤分析采用的软件及版本。

（4）结果报告

①模型评价是否采用多个拟合指标：卡方，自由度，p 值，RMSEA，CFI 和 TLI 等；

②模型修正的情况及依据；

③条目保留的情况；

④信度、效度检验情况；

⑤标准化因子负荷，因子间相关矩阵；

⑥路径系数。

（5）讨论

①模型结果对理论的印证情况；

②进一步的检验（如测量不变性）。

上述五个方面内容虽然在某一具体研究中并不是所有内容都会报告，但这五个方面的内容应在研究设计之初就应考虑周全，从而保证研究的科学性和可靠性。

5.6　结构方程模型分析 Mplus 语句

本书的案例用 Mplus 进行分析。Mplus 属于编程类 SEM 分析软件，在其中执行 SEM 分析用简洁的语句即可实现。本节将首先对 Mplus 的常用命令进行介绍，再给出 SEM 分析语句，供读者在实际研究中修改使用。

5.6.1　Mplus 常用命令介绍

Mplus 中常用的命令有 10 个，见表 5.4。除 TITLE 命令外，其余命令都包括一系列副指令，对于大多数分析，只需要使用 Mplus 命令的一个小子集，复杂的模型可以通过 Mplus 语言轻松描述。Mplus 分析还自带默认选项，这些默认选项已经设置得非常合理，因此在进行最常见类型的分析时可以最大程度地减少用户输入。

表 5.4　Mplus 常用命令

命令	含义	作用
TITLE	标题	为分析提供标题
DATA	数据	提供关于要分析的数据集的信息
VARIABLE	变量	提供有关要分析的数据集中变量的信息

续表

命令	含义	作用
DEFINE	定义	转换现有变量并创建新变量
ANALYSIS	分析	描述分析的技术细节
MODEL	模型	描述要估计的模型
OUTPUT	输出	请求未包含在默认输出中的附加输出
SAVEDATA	保存数据	保存分析数据、辅助数据和各种分析结果
PLOT	绘图	请求观察数据和分析结果的图形显示
MONTECARLO	蒙特卡洛	指定蒙特卡洛模拟研究的详细信息

Mplus 命令可以以任何顺序出现。对于所有分析, DATA 和 VARIABLE 命令是必需的。所有命令必须以新行开始,并且必须在冒号后面。分号用于分隔命令选项,每行可以有多个选项。输入设置中的记录长度不能超过 90 个字符,可以包含大写字母和/或小写字母以及制表符。

为方便起见,可以缩写命令、选项和选项设置。命令和选项可以缩写为至少 4 个字母。选项设置可以通过命令框中显示的加粗字体的完整单词或单词的一部分来引用。

可以在输入设置的任何位置包含注释。通过感叹号指定注释。在感叹号后面的任何一行上的内容都被视为用户注释,并且程序将其忽略。通过在第一行以"!"开始并在最后一行以"!"结束,可以注释掉多行。

在所有命令中,除了 DEFINE、MODEL CONSTRAINT 和 MODEL TEST,关键字 IS、ARE 和 = 可以互换使用。列表中的项可以用空格或逗号分隔。

下面对一些主要命令进行介绍。

(1)标题(TITLE)

TITLE 命令的作用主要是为程序设置标题,该命令并非必需,没有也可以。标题可以是英文也可以是中文,但最好使用英文,但注意标题中尽量不要出现 Mplus 的命令字符。语句示例如下:

TITLE:名称

(2)数据(DATA)

DATA 命令用于指定数据存放路径。Mplus 只能读取 ASCII 格式的文件,即后缀为.dat 或.txt 的文件,如果是其他格式的文件就需要转换一下格式,例如 SPSS 的数据文件格式一般为.Sav,需要将 SPSS 数据格式转换一下,转换方法:文件→另存为→保存类型选择"以制表符分隔(∗ .dat)"→取消勾选"将变量名写入电子表格"→点击保存,生成一个后缀为.dat 的文件。Mplus 对变量数有限制,变量数的上限是 500,字符长度是 5000。缺失值必须用"."" ∗ "或者"9""99""999"等数值代替,否则会发生错误。

FILE 语句用于指定数据文件的存储路径和文件名。语句示例如下:

DATA:FILE IS xxx.dat;

（3）变量（VARIABLE）

VARIABLE 命令主要用于定义数据文件中的变量,选择分析使用的变量以及定义缺失值等,分别用不同的副指令来实现。使用 VARIABLE 定义数据文件中的变量时需注意,由于数据文件中除了数字之外不允许其他变量名称的字符存在,所以在分析数据前要给每列变量取个名字。语句示例如下:

> VARIABLE:NAMES ARE A1 A2 A3 A4 A5;
> 或
> VARIABLE:NAMES ARE A1—A5; ！表示数据文件有五个变量,名称分别为 A1—A5。

数据文件可能有很多变量,而我们做某项分析时可能只用到部分变量,使用 USEVARIABLES 命令也可选择分析使用的变量。语句为:

> VARIABLE:USEVARIABLES ARE A1 A3 A5; ！表示分析中只选用 A1、A3 和 A5 这 3 个变量。

使用 VARIABLE 命令定义缺失值的语句示例:

> VARIABLE:MISSING = ALL(99); ！表示所有变量的缺失值都是用 99 表示。
> VARIABLE:MISSING = A1(9) A2(99); ！表示变量 A1 的缺失值用 9 表示,变量 A2 的缺失值用 99 表示。

（4）定义（DEFINE）

DEFINE 命令可以通过加减乘除或者逻辑转换定义新的变量,常用的副指令有 MEAN、SUM 等,语句示例如下:

> DEFINE:A = MEAN(A1 A2 A3 A4 A5); ！表示定义一个新的变量 A,这个变量的值为 A1—A5 这五个变量的均值
> DEFINE:A = SUM(A1 A2 A3 A4 A5); ！表示定义一个新的变量 A,这个变量的值为 A1—A5 这五个变量的和
> DEFINE:CENTER X(GRANDMEAN); ！选择总均值中心化对变量 X 做中心化处理

如果用 DEFINE 命令定义的新变量,必须写入 USEVARIABLE 中才能在后续分析中使用,否则不能使用。

（5）分析（ANALYSIS）

ANALYSIS 命令主要涉及的是参数估计方法。Mplus 提供了多种估计方法,不同的参数估计方法适用于不同的情况（详见本书 4.5 节）,语句中用参数估计方法的缩写来指代,例如 ML、MLM、MLR、MLF、WLS、WLSM、WLSMV、GLS、ULS 等,其中 ML 是默认估计方法,即不写估计方法语句时,Mplus 将采用 ML 法来进行估计。语句示例如下:

> ANALYSIS:ESTIMATOR = MLR; ！采用稳健极大似然法进行估计,适用于非正态数据和非独立数据
> ANALYSIS:ESTIMATOR = WLSMV; ！加权最小二乘法估计使用对角加权矩阵伴均值-方差校正卡方检验,此方法适用于类别数据

（6）模型（MODEL）

MODEL 命令主要就是对模型进行设定，例如我们想检验一个中介模型，我们在这个部分使用 Mplus 提供的命令，通过语句将我们的模型表示出来。该命令下的副指令很多，详见王孟成（2014），本书仅介绍一些常用的副指令：

MODEL：

f1 BY y1-y3； ！通过指标定义潜变量，表示因子 f1 由 y1、y2、y3 三个指标测量

Y ON X； ！定义回归关系，表示 X 预测 Y

x1 WITH x2； ！定义相关，表示 x1 与 x2 相关

x1 x2 PWITH x3 x4； ！定义配对相关，等价于 x1 WITH x3；x2 WITH x4

AB|A XWITH B； ！定义变量 A 和 B 的交互项，并指定新变量的名称为 AB

MODEL INDIRECT： ！描述间接效应和总效应

Y IND M X； ！定义特定的间接效应或一组间接效应，表示自变量 X 通过中介变量 M 对因变量 Y 的间接效应；Y IND X 表示自变量 X 到因变量 Y 的所有中介路径的一组间接效应

Y VIA M X； ！描述一组包含特定中介变量的间接效应

MODEL CONSTRAINT： ！模型限定命令

NEW（A B C）； ！为模型限定命令设置新变量（这些变量在数据文件中没有）并命名，表示新设三个变量 A、B、C

（7）输出（OUTPUT）

OUTPUT 命令用于获得模型分析结果。在 OUTPUT 下，有如下几个常用的语句。

①SAMPSTAT：要求报告的样本统计量有以下几项。连续变量时：均值、方差、协方差和相关系数；类别变量时：阈限值，二分因变量时的一阶和二阶样本比率；四分相关、多级相关 polychoric、多系列相关 polyserial 等信息。

②CROSSTABS：提供类别变量间的交叉频率表。

③STANDARDIZED：要求提供标准化参数统计量及对应的标准误。Mplus 默认提供三种标准化结果：STDYX，STDY 和 STD。STDYX 标准化同时使用连续潜变量、背景（Background）变量和结局（Outcome）变量的方差。STDY 标准化同时使用连续潜变量和结局（Outcome）变量的方差。当协变量为二分变量时采用 STDY，因为二分变量标准差的变化并无意义。STD 标准化只使用连续潜变量的方差。

④RESIDUAL：要求提供观察变量的残差值。

⑤MODINDICES：提供模型修正指数、期望参数变化指数和两种标准化期望参数变化等信息。程序默认提供大于等于 10 的 MI 值。如果需要报告所有 MI 值（涉及 ON，WITH 和 BY 关系的所有可能的 MI 值），可在 MODINDICES 后加上（ALL）。如果只想获得大于某一特定值的 MI，只需将括号中的 ALL 换成相应数值即可。

⑥CINTERVAL：要求报告参数置信区间值。对于频率论设置，提供三种置信区间：SYMMETRIC，BOOTSTRAP 和 BCBOOTSTRAP（后两种与 ANALYSIS 下的 BOOTSTRAP 连用）。

⑦Mplus 还提供 TECH1—TECH14 共 14 个技术报告，技术报告的具体内容可参考《Mplus 用户手册》。

5.6.2　结构方程模型分析 Mplus 语句

本书将介绍一些常用的结构方程模型分析语句,主要涉及一些基础模型,更复杂的模型请参考《Mplus 用户手册》。

1）验证性因子分析 Mplus 语句

（1）连续型指标

```
TITLE：this is an example of a CFA with continuous factor indicators   ！标题
DATA：FILE IS ex1.dat；！指定数据存储位置
VARIABLE：NAMES ARE x1-x5 y1-y10；！定义数据文件中的变量名
    USEVARIABLES ARE y1-y10；！定义本次分析中需要使用的变量(由于数据文件中包含多个
变量,在单个研究中不一定全部都使用,所以要定义本次分析中使用的变量)
ANALYSIS：ESTIMATOR IS MLM；！选择估计方法,如果不写该语句,Mplus 默认的估计方法为 ML
MODEL：f1 BY y1-y3；！因子 f1 由 y1、y2、y3 三个指标测量
    f2 BY y4-y6；！因子 f2 由 y4、y5、y6 三个指标测量
    f3 BY y7-y10；！因子 f3 由 y7、y8、y9、y10 四个指标测量
OUTPUT：SAMPSTAT；！报告样本统计量
    STANDARDIZED；！输出标准化解
        MODINDICES；！报告修正指数
```

（2）分类指标

```
TITLE：this is an example of a CFA with categorical factor indicators
DATA：FILE IS ex2.dat；
VARIABLE：NAMES ARE u1-u6；
    CATEGORICAL ARE u1-u6；！定义分类变量
MODEL：f1 BY u1-u3；
    f2 BY u4-u6；
OUTPUT：SAMPSTAT；
    STANDARDIZED；
```

（3）既有连续型又有分类指标

```
TITLE：this is an example of a CFA with continuous and categorical factor indicators
DATA：FILE IS ex3.dat；
VARIABLE：NAMES ARE u1-u3 y4-y6；
    CATEGORICAL ARE u1 u2 u3；！定义分类变量
MODEL：f1 BY u1-u3；
    f2 BY y4-y6；
OUTPUT：SAMPSTAT；
    STANDARDIZED；
```

(4)二阶 CFA

```
TITLE:this is an example of a second-order factor analysis
DATA:FILE IS ex4.dat;
VARIABLE:NAMES ARE y1~y12;
MODEL:f1 BY y1~y3;
   f2 BY y4~y6;
   f3 BY y7~y9;
   f4 BY y10~y12;
   f5 BY f1~f4;  ！定义二阶测量模型
OUTPUT:SAMPSTAT;
   STANDARDIZED;
```

2)结构方程模型

(1)连续型指标

```
TITLE:this is an example of a SEM with continuous factor indicators
DATA:FILE IS ex5.dat;
VARIABLE:NAMES ARE y1~y12;
MODEL:
   ！测量模型
   f1 BY y1~y3;
   f2 BY y4~y6;
   f3 BY y7~y9;
   f4 BY y10~y12;
   ！结构模型
   f4 ON f3;  ！因子 f3 预测 f4
   f3 ON f1 f2;  ！因子 f1、f2 预测 f3
OUTPUT:SAMPSTAT;
   STANDARDIZED;
```

(2)连续型指标和中介效应检验

```
TITLE:this is an example of a SEM with continuous factor indicators and an indirect effect for factors
DATA:FILE IS ex6.dat;
VARIABLE:NAMES ARE y1~y12;
ANALYSIS:BOOTSTRAP=1 000;  ！重采样 1 000 次
MODEL:
   ！测量模型
   f1 BY y1~y3;
   f2 BY y4~y6;
   f3 BY y7~y9;
   f4 BY y10~y12;
```

```
! 结构模型
f4 ON f1 f2 f3；
f3 ON f1 f2；
MODEL INDIRECT：
f4 IND f3 f1； ! 定义 f1 通过 f3 作用 f4 的特定中介效应
f4 IND f3 f2； ! 定义 f2 通过 f3 作用 f4 的特定中介效应
OUTPUT：SAMPSTAT；
STANDARDIZED；
CINTERVAL（bcbootstrap）； ! 报告参数置信区间值
```

（3）调节变量为分类变量时的交互效应检验

```
TITLE：this is an example of a SEM with a categorical moderator
DATA：FILE IS ex7.dat；
VARIABLE：
NAMES ARE ID Att1 Att2 Att3 EOU1 EOU2 EOU3 UF1 UF2 UF3 BI1 BI2
BI3 ATT EOU UF BI TECH ZATT ZEOU ZUF ZBI UXEU；
USEVAR ARE UF1 UF2 UF3 BI1 BI2 BI3；
GROUPING ISTECH（0=LOW 1=HIGH）； ! 制定分组（类）变量
ANALYSIS：
ESTIMATOR IS ML；
BOOTSTRAP=1000；
MODEL：
! 测量模型
UF BY UF1 UF2 UF3；
BI BY BI1 BI2 BI3；
! 结构模型
BI ON UF（A1）； ! 变量 UF 的低水平组（A1 为低水平组，后面设定了高水平组，因此不需要设定
低水平组）
MODEL HIGH： ! 设定高水平组
BI ON UF（A2）； ! 变量 UF 的高水平组
MODEL CONSTRAINT：
NEW（UFBI1 UFBI2 DIFF）； ! 新定义三个变量 UFBI1、UFBI2、DIFF
UFBI1=A1； ! UFBI1 为低水平组
UFBI2=A2； ! UFBI2 为高水平组
DIFF=UFBI1-UFBI2； ! DIFF 为高低水平组的差异，看检验结果差异是否显著，即 P 值是否小于
0.05
OUTPUT：
SAMPSTAT CINTERVAL（BCBOOTSTRAP）；
```

（4）连续型指标和乘积指标法检验潜变量交互效应检验

```
TITLE：This is an example of a SEM with latent moderation model using product indicators
DATA：FILE IS ex8.dat；
```

```
VARIABLE :NAMES ARE age gender a1-a5 e1-e13 b1-b20 c1-c17 d1-d10;
USEVARIABLE=d1-d5 e1-e5 b13-b17 int1-int5;
CENTER=GRANDMEAN(d1-d5 b13-17 e1-e5);  ! 使用总均值中心化方法对变量进行中心化
DEFINE :int1=d1*b13;  ! 配对乘积生成指标,需写入 USEVARIABLE 中
    int2=d2*b14;
    int3=d3*b15;
    int4=d4*b16;
    int5=d5*b17;
ANALYSIS:ESTIMATOR=ML;
        MODEL=NOMEANSTRUCTURE;  ! 使用无均值结构建模法
        INFORMATION=Expected;  ! 使用期望的二阶导数来估计信息矩阵
MODEL:
    ! 测量模型
    f1 by d1-d5*;
    f2 by b13-b17*;
        f3 by e1-e5*;
        int by int1-int5*;  ! 定义交互效应因子的测量模型
        f1-f3@1;  ! 建议采用固定方差法指定潜变量单位
    int @1;
    ! 结构模型
    f3 ON f1 f2;  ! 检验主效应;
    f3 ON int;  ! 检验交互效应;
OUTPUT :Standardized;
```

(5)连续型指标和潜调节结构方程法检验交互效应

```
TITLE:this is an example of a SEM with continuous factor indicators and an interaction between two
latent variables
DATA:FILE IS ex9.dat;
VARIABLE:NAMES ARE y1-y12;
ANALYSIS:ESTIMATOR=MLR;  ! 使用 MLR 估计方法
        TYPE=RANDOM;  ! 选择的分析类型为 RANDOM
        ALGORITHM=INTEGRATION;  ! 使用数值积分算法
        CONVERGENCE=0.01;  ! 两个变量相乘之后会收敛困难,降低收敛标准,默认的收敛标
                准为 0.000 05
MODEL:
    ! 测量模型
    f1 BY y1-y3;
    f2 BY y4-y6;
    f3 BY y7-y9;
    f4 BY y10-y12;
    ! 结构模型
    f4 ON f3;
```

f3 ON f1 f2；

f1xf2 | f1 XWITH f2； ! 定义 f1 和 f2 之间的交互效应,并指定交互效应因子名称为 f1xf2

f3 ON f1xf2； ! 检验 f1 和 f2 之间的交互效应

OUTPUT:SAMPSTAT；

TECH1； ! 提供参数设置和所有自由估计参数开始值等信息

TECH8； ! 提供估计模型时的优化历史

! 注意:潜调节结构方程法不提供标准化结果

第 6 章

应用案例:大学生低碳旅游消费行为影响因素分析

6.1 案例背景

全球气候变暖问题日益加剧,由此引发了区域气候异常、生物多样性急剧减少、海平面上升等一系列生态环境问题,这些问题越来越受到世界各国的高度重视。各国已积极推动低碳经济、循环经济和低碳产业等项目纳入其议程。大力推动绿色消费是我国经济绿色低碳转型、实现"双碳"目标的关键,也是我国经济高质量发展的必然要求。在推进可持续发展的过程中,《促进绿色消费实施方案》由国家发改委等七部委于 2022 年印发,该方案明确提出在 2025年之前,让绿色消费在全国范围内普及,并在全国范围内形成一个以绿色、低碳、循环为特征的消费体系;"到 2030 年,绿色消费方式成为公众自觉选择",也就是使我国居民的绿色、低碳消费逐渐成为一种自觉行为,并逐步形成一种以绿色、低碳产品为主的消费模式。旅游业作为国民经济的重要组成部分,在新形势下发展低碳旅游成为必然的选择。大学生拥有较多的闲暇时间,是旅游消费的主要群体之一,且处于人生中世界观、人生观、价值观的塑造阶段,对其低碳旅游消费行为进行研究具有重要意义。本案例在我国"双碳"战略的背景下,通过文献研究,梳理低碳旅游消费行为的影响因素与相关理论模型,并通过问卷调查的方式,收集关于重庆市大学生低碳旅游消费行为影响因素相关信息,运用结构方程模型分析重庆市大学生低碳旅游消费行为的形成机制,有助于促进重庆市大学生低碳旅游消费行为的形成和优化,能为有关部门制定有效的大学生低碳旅游消费行为促进策略提供重要的理论参考,以推动低碳旅游的发展。

6.2 相关研究综述与经典理论模型

6.2.1 相关研究综述

目前学术界对低碳旅游消费行为的研究主要集中在低碳旅游消费行为特征、低碳旅游消费的市场特征方面。

从低碳旅游消费行为特征的研究现状来看,国外相关学者进行了较为深入的研究。

Becken 等（2003）认为旅游者行为对旅游产业能源消耗影响较大，低碳旅游者在出游方式、饮食方式、住宿设施等旅游行为特征方面差异显著。Hall 等认为低碳旅游者对生态环境的适应能力取决于其所具有的生态环境知识和态度，而这又将影响其低碳旅游的消费行为。Sustrans认为从碳排放治理效果来看，短期内旅游者个人行为的改变相比旅游企业管理方式更为有效，长期来看，通过改变旅游者行为很难达到预期效果。Gössling 等认为旅游目的地和旅游企业的发展模式与营销方式是影响低碳旅游消费的关键因素。Robaina-Alves 对葡萄牙的旅游者低碳旅游消费行为进行实证分析显示，不同受教育层次、不同社会背景、不同收入水平的社会主体，对低碳旅游消费水平有不同的要求。

随着国内旅游业的快速发展，低碳旅游消费的市场特征也得到了相关专家的重视。汪清蓉等（2011）研究发现社会公众对"低碳旅游业"的认知程度还不够深入，参与意愿不高，且在学历、收入和职业等特征上具有显著差异。郑岩等（2011）基于低碳旅游感知与低碳旅游消费的内在影响关系分析低碳旅游行为的主要影响因素。陈小连等（2012）构建了低碳旅游感知价值与低碳旅游参与意愿的结构方程模型，实证检验显示，感知效用对低碳旅游参与意愿产生了显著的正向影响，次要参照群体对低碳旅游参与意愿也存在显著的正向影响。马勇等（2015）认为低碳旅游消费倾向是旅游者在旅游过程中参与低碳活动进行低碳消费的意愿表现，其影响因素是决定旅游者进行低碳旅游活动与否的关键。黄蕾等（2016）运用 Logistic 模型研究旅游行为及消费方式对低碳旅游服务消费意愿的影响，结果表明在社会环境不变的情况下，旅游者的个人特征、兴趣特征、经验特征以及低碳认知程度对其低碳旅游消费意愿具有显著性影响。

综述国内外相关研究可知，关于低碳旅游消费模式的研究取得了一定的研究成果，从低碳旅游者的年龄、性别、收入水平、社会阶层、低碳旅游感知价值、低碳信息来源、低碳旅游决策模式、旅游环境、旅游消费习惯等方面较为深入地分析了低碳旅游者消费模式的关键影响因素及其低碳旅游消费市场运行的相关规律，并提出开发低碳旅游消费市场的相关对策，这对于正处于培育期的低碳旅游市场开发具有十分重要的指导意义。但是，对旅游者的低碳消费行为的变化规律及其产生的内在机理，相关影响因素与低碳旅游消费行为之间的内在影响关系有待深入研究（刘长生 等，2018）。

6.2.2　经典亲环境行为理论模型

低碳旅游消费行为是亲环境行为的一种，在过去的 40 年里，学术界对亲环境行为的影响因素和形成机制进行了大量的探讨，许多理论模型被开发出来回答人们为什么会表现出亲环境行为以及亲环境行为的主要障碍是什么（Kollmuss 等，2002），这些理论模型主要有规范-激活理论（NAM）、计划行为理论（TPB）、价值-信念-规范理论（VBN）、态度-行为-情境（ABC）模型以及环境素养模型等。

从社会心理学的角度来看，TPB 为解释和预测行为提供了一个合乎逻辑和适当的框架，并在不同的研究中被广泛采用（Karimi 等，2021）。Overstreet 等人（2013）进行的元分析表明，TPB 强烈地预测和解释了意图和行为。此外，TPB 已被应用于解释不同领域的亲环境行为，包括工作场所、能源节约、废物回收、肉类消费、运输使用和环境激进主义等领域（周健，2023）。根据 TPB 的经典定义，个体的行为意图受到三个动机因素的影响，即态度、主观规范和感知行为控制因素（PBC），而行为意图最终导致实际行为，另外 PBC 也可直接影响实际行为（Ajzen，1991）。

规范激活理论(NAM)为讨论个人道德义务引发的亲社会行为提供了一个框架。NAM 包括四种主要结构,即问题意识、归属责任意识、个人规范(称为道德规范)和亲社会行为。Stern(1999)假设了基于 NAM 的价值-信念-规范理论(VBN),认为人类行为对生物圈产生了更广泛的信念。VBN 根据个人的价值观在个人层面因果地解释了环境实现的启动,个人和社会规范的激活赋予了意图和后来的亲环境行为权力,而价值观是指导个人生活的必要控制原则,价值观形成不同的信念,并作为指导一个人态度和行为的有组织的系统(Wensing 等,2019)。支持环境的信念涉及以合作的方式为环境采取可持续行动(López-Mosquera 等,2012)。随着个人对环境的信念的发展,对后果的意识也会发展。根据新内化的自我标准,个人规范是天生的义务感,它启动了改变个人行为的要求(Choi 等,2015)。社会规范帮助个人内化新的行为,形成新的个人规范(Kim 等,2019)。

态度-行为-情境模型又叫 ABC 模型,是由 Lewin 的行为模型发展而来。Lewin 认为,个体行为的方式、强度和趋势会受到内部因素和外部因素的共同影响(Lewin,1951)。在此基础上,Guagnano 等对垃圾回收行为开展研究,发现行为(B)是态度(A)和外部情境因素(C)相互作用的结果,并提出预测行为的 ABC 模型(Guagnano 等)。其中,态度可分为积极态度和消极态度,外部情境因素包括促进环境行为的有利外部要素和阻碍行为的不利外部要素。ABC 模型的深层含义是,当外部情境的影响比较中立或趋近于 0 时,行为和个人态度的关系最强,即行为的实施与个人所持态度紧密相关;当外部情境因素极为有利或极为不利时,外部情境对行为的影响会增强,而态度对行为的影响是非常小的。比如,若某种行为的实施非常麻烦或需要支付高额的成本,即使个体对该行为持有积极态度,也有可能会放弃实施该行为(吴天雨,2023)。

Hungerford 和 Tomera 认为,环境教育的最终目标是使得受教育者的环境素养得到有效提升,并在总结前人研究成果的基础上,提出了环境素养模型(Environmental Literacy Model)(Hungerford,1985)。该模型由八个变量构成,分别是环境问题知识、信念、个人价值观、个人态度、控制观、环境敏感度、环境行为策略以及生态学知识。其中,环境问题知识、环境行为策略知识和生态学知识属于认知变量,信念、个人价值观、个人态度和环境敏感度属于意识类变量,控制观则属于个性变量(邱宏亮,2017)。他们认为这八个变量彼此之间相互联系,且能够解释亲环境行为。后续研究也证实了环境素养模型的各个变量对亲环境行为具有很好的预测作用(Sia 等,1986)。

6.3　研究设计

6.3.1　低碳旅游消费行为概念界定

本案例认为低碳旅游消费行为是指个人或群体在旅游过程中,通过具体的行动和决策,减少对环境的负面影响,这些行为包括但不限于选择环保交通方式、节约能源和水资源、减少废物产生、购买当地有机产品、尊重当地社区和文化以及参与支持环境保护的活动。

低碳旅游消费行为的核心概念是减少碳排放和资源消耗,以及支持可持续旅游发展。通过选择环保交通工具如公共交通、骑自行车或步行可以减少碳排放;节约能源和水资源的行为,如合理使用电力、燃料和水资源等,有助于减少能源消耗和水资源的浪费;减少废物产生包括携带可重复使用的物品、正确分类和处理垃圾,可以减少对环境的负荷;购买当地有机产品可以支持当地经济和减少环境影响;同时,尊重当地社区和文化、参与环境保护活动也是低碳旅游消费行为的一个重要方面。通过采取这些低碳旅游消费行为,个人可以减少对环境的损害,从而促进可持续发展。

6.3.2　影响因素选择与内涵界定

根据 6.2 的相关文献分析,计划行为理论在环境行为领域得到了广泛的运用,能够解释多种具体的亲环境行为,因此本案例以计划行为理论为基础,选择低碳旅游消费态度、主观规范、感知行为控制、低碳旅游消费行为意愿作为低碳旅游消费行为的影响因素。低碳旅游消费行为意愿是指个体执行低碳旅游消费行为的思想倾向,表现为愿不愿意实施节水行为;低碳旅游消费态度指个体对执行低碳旅游消费行为正面或负面的评价,有用或有害、有价值或无价值等,不考虑态度的情感性成分;主观规范指个体在决策是否执行低碳旅游消费行为时感知到的社会压力,反映的是重要他人或团体对个体行为决策的影响;感知行为控制指个体对执行低碳旅游消费行为自身能力的认识,所感知到的执行低碳旅游消费行为的难易程度。

6.3.3　研究模型构建与假设提出

计划行为理论指出行为意愿是行为发生的先决条件,而态度、主观规范、感知行为控制等心理因素则主要通过行为意愿作用于行为,另外感知行为控制也可以直接作用于行为,所呈现的路径和结构已被国内外诸多学者广泛接受,并在实证研究中进行了验证。一般认为,态度、主观规范、感知行为控制正向作用于低碳消费行为意愿(王雨喆等,2022;张蕾等,2015),低碳消费行为意愿正向作用于低碳消费行为(丁超勋等,2023;黄华婷等,2022),感知行为控制正向作用于低碳消费行为(王雨喆等,2022)。根据计划行为理论模型结构和相关研究结果,本案例提出的研究假设如下:

H1:低碳旅游消费态度显著正向影响低碳旅游消费行为意愿

H2:主观规范显著正向影响低碳旅游消费行为意愿

H3:感知行为控制显著正向影响低碳旅游消费行为意愿

H4:低碳旅游消费行为意愿显著正向影响低碳旅游消费行为

H5:低碳旅游消费态度显著正向影响低碳旅游消费行为

H6:主观规范显著正向影响低碳旅游消费行为

H7:感知行为控制显著正向影响低碳旅游消费行为

H8:低碳旅游消费行为意愿在低碳旅游消费态度和低碳旅游消费行为之间起中介作用

H9:低碳旅游消费行为意愿在主观规范和低碳旅游消费行为之间起中介作用

H10:低碳旅游消费行为意愿在感知行为控制和低碳旅游消费行为之间起中介作用

本案例提出的理论模型结构图如图 6.1 所示。

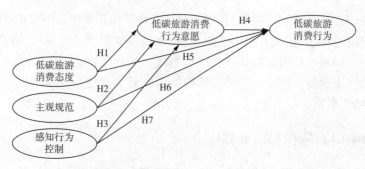

图 6.1　大学生低碳旅游消费行为影响因素理论模型

6.3.4　量表设计、发放与检验

参考相关文献和大学生群体的消费特征,设计了重庆市大学生低碳旅游消费行为影响因素量表,其中低碳旅游消费态度由 3 个题项测量,主观规范由 3 个题项测量,感知行为控制由 3 个题项测量,低碳旅游消费行为意愿由 4 个题项测量,低碳旅游消费行为由 4 个题项测量,具体测量题项见表 6.1。量表采用李克特五点量表。

表 6.1　量表题项构成

潜变量	测量题项	题项数
低碳旅游消费行为 TCB	旅游过程中,我会选择步行、骑行、公交车或地铁,而不是乘坐出租车 TCB1	4
	入住酒店后,我会节约用电和用水 TCB2	
	旅行中就餐不会浪费食物 TCB3	
	旅游过程中,我会优先购买旅游地原生态的旅游产品 TCB4	
低碳旅游消费行为意愿 BI	旅游过程中,我愿意选择环保交通方式 BI1	4
	旅游过程中,我愿意节约能源和水资源 BI2	
	旅游过程中,我愿意减少废物产生 BI3	
	旅游过程中,我愿意购买当地有机产品 BI4	
低碳旅游消费态度 ATT	旅游过程中实施低碳旅游消费行为很有必要 ATT1	3
	在生活中实施低碳旅游消费行为是一件好事 ATT2	
	在生活中实施低碳旅游消费行为很有价值 ATT3	
主观规范 SN	我注意到人们在旅游时能够做到低能耗、低污染 SN1	3
	我的家人支持我在旅中做到低能耗、低污染 SN2	
	我的朋友或同学支持我在旅游中做到低能耗、低污染 SN3	
感知行为控制 PBC *	实施低碳旅游消费行为会花费我更多精力 PBC1	3
	实施低碳旅游消费行为会花费我更多时间 PBC2	
	实施低碳旅游消费行为会花费我更多金钱 PBC3	

* 因题项为负向题目,在做分析前须做正向化处理。以下分析使用的均为正向化处理之后的数据。

本案例通过滚雪球抽样对重庆市大学生发放了 620 份问卷,收回 620 份问卷,剔除错误填写 44 份,有效问卷为 576 份,有效率为 92.9%。

在进行正式分析前需对量表进行信度和效度检验。本案例主要通过组成信度（CR）系数来进行潜变量的信度检验，CR>0.7 表示信度较好（Fornell 等，1981），CR>0.6 表示信度可接受（Hair 等，1998；Henson 等，2001）。题目信度检验用标准化因子载荷或多元相关平方 SMC 来衡量，因子载荷>0.6 或 SMC>0.36 表示具有较好的题目信度（Ashill 等，2009）。收敛效度采用平均变异数提取值 AVE 来衡量，一般认为 AVE>0.5 具有较好的收敛效度（Fornell 等，1981；Ashill 等，2009）。区别效度通过比较变量的平均变异数提取值 AVE 的平方根与该潜变量同其他潜变量之间的相关系数来衡量，前者大于后者则说明区别效度良好（韩娜，2015）。量表的信效度检验结果见表 6.2 和表 6.3。从表 6.2 可知，CR 值均大于 0.7，各题目 SMC 均大于 0.36，说明潜变量和各题目信度均较好；从表 6.3 可知，各潜变量 AVE 均大于 0.5，量表的信度和效度均较好，且潜变量 AVE 的平方根（表 6.3 中的对角线数值）均大于该潜变量同其他潜变量之间的相关系数，说明收敛效度和区别效度均较好。综上，本案例的量表具有较好的信度和效度，所取得的数据可以进行后续结构方程模型的分析。

表 6.2 量表信度检验结果

潜变量	题项	Estimate	S.E.	Est./S.E.	P-Value	SMC	CR
TCB	TCB1	0.877	0.023	38.223	0	0.769	0.951
	TCB2	0.933	0.020	45.533	0	0.870	
	TCB3	0.955	0.012	79.246	0	0.912	
	TCB4	0.875	0.021	41.826	0	0.766	
BI	BI1	0.946	0.014	65.260	0	0.895	0.929
	BI2	0.953	0.011	83.702	0	0.908	
	BI3	0.821	0.038	21.620	0	0.674	
	BI4	0.772	0.033	23.760	0	0.596	
ATT	ATT1	0.951	0.011	88.245	0	0.904	0.963
	ATT2	0.916	0.022	41.500	0	0.839	
	ATT3	0.973	0.010	97.671	0	0.947	
PBC	PBC1	0.892	0.023	38.733	0	0.796	0.921
	PBC2	0.975	0.009	107.856	0	0.951	
	PBC3	0.800	0.031	25.761	0	0.640	
SN	SN1	0.921	0.017	54.570	0	0.848	0.935
	SN2	0.943	0.022	43.610	0	0.889	
	SN3	0.865	0.036	24.208	0	0.748	

表 6.3 量表效度检验结果

潜变量	题目数	收敛效度	区别效度				
			ATT	SN	PBC	BI	TCB
ATT	3	0.897	0.947				

续表

潜变量	题目数	收敛效度	区别效度				
			ATT	SN	PBC	BI	TCB
SN	3	0.829	0.536	0.910			
PBC	3	0.795	0.508	0.564	0.795		
BI	4	0.768	0.511	0.537	0.443	0.876	
TCB	4	0.829	0.308	0.318	0.377	0.316	0.910

6.4　研究结果

本案例的理论模型为中介效应模型,分析步骤参考文献温忠麟等(2014),检验流程如图6.2所示。

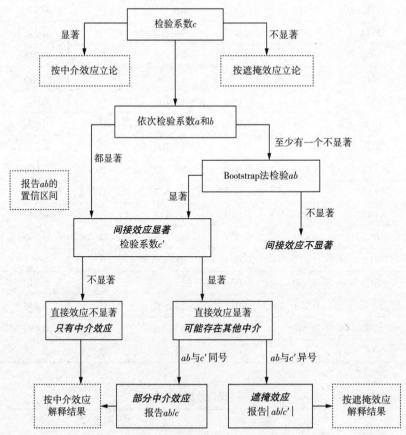

图 6.2　中介效应检验流程(温忠麟等,2014)

根据该流程,运用 Mplus 进行检验需分三步进行,分析语句及输出结果见表 6.4—表 6.6(为了节省篇幅,表中只呈现标准化结果)。

表 6.4 系数 c 检验的 Mplus 语句及输出结果

```
Mplus VERSION 7.4
   MUTHEN & MUTHEN
   9/15/2023   10:36 PM



   INPUT INSTRUCTIONS


     DATA:
        XXX.dat;
     VARIABLE:
        NAMES ARE ID TCB1 TCB2 TCB3 TCB4
        BI1 BI2 BI3 BI4 ATT1 ATT2 ATT3 PBC1 PBC2 PBC3 AFFP1 AFFP2
        AFFP3 SN1 SN2 SN3;
        usevariables are ATT1 ATT2 ATT3 PBC1 PBC2 PBC3 SN1 SN2 SN3
        TCB1 TCB2 TCB3 TCB4
        BI1 BI2 BI3 BI4;
        ANALYSIS:
        TYPE IS GENERAL;
        ESTIMATOR IS ML;
     MODEL:
        ATT by ATT1 ATT2 ATT3;
        SN by SN1 SN2 SN3;
        PBC by PBC1 PBC2 PBC3;
        BI by BI1 BI2 BI3 BI4;
        TCB by TCB1 TCB2 TCB3 TCB4;


        TCB ON ATT SN PBC;


        OUTPUT:
        STDYX;


   INPUT READING TERMINATED NORMALLY


   SUMMARY OF ANALYSIS


   Number of groups                                        1
   Number of observations                                576


   Number of dependent variables                         17
   Number of independent variables                        0
   Number of continuous latent variables                  5


   Observed dependent variables
```

续表

Continuous					
ATT1	ATT2	ATT3	PBC1	PBC2	PBC3
SN1	SN2	SN3	TCB1	TCB2	TCB3
TCB4	BI1	BI2	BI3	BI4	

Continuous latent variables

ATT	SN	PBC	BI	TCB

Estimator	ML
Information matrix	OBSERVED
Maximum number of iterations	1000
Convergence criterion	0.500D-04
Maximum number of steepest descent iterations	20

Input data file(s)

XXX.dat

Input dataformat   FREE

THE MODEL ESTIMATION TERMINATED NORMALLY

MODEL FIT INFORMATION

Number of Free Parameters   60

Loglikelihood

H0 Value   −10390.300
H1 Value   −10263.469

Information Criteria

Akaike(AIC)   20900.601
Bayesian(BIC)   21161.967
Sample−Size Adjusted BIC   20971.492
(n∗=(n+2)/24)

Chi-Square Test of Model Fit

Value   253.662
Degrees of Freedom   110
P-Value   0.0000

RMSEA(Root Mean Square ErrorOf Approximation)

Estimate	0.048	
90 Percent C.I.	0.040	0.055
Probability RMSEA<=.05	0.685	

CFI/TLI

CFI	0.986	
TLI	0.982	

Chi-Square Test of Model Fit for the Baseline Model

Value	10211.751
Degrees of Freedom	136
P-Value	0.0000

SRMR(Standardized Root Mean Square Residual)

Value	0.041

MODEL RESULTS
......

STANDARDIZED MODEL RESULTS

STDYX Standardization

	Estimate	S.E.	Est./S.E.	Two-Tailed P-Value
ATT　　BY				
ATT1	0.951	0.005	176.489	0.000
ATT2	0.916	0.008	121.853	0.000
ATT3	0.973	0.004	227.315	0.000
SN　　BY				
SN1	0.921	0.009	100.851	0.000
SN2	0.943	0.008	115.411	0.000
SN3	0.865	0.012	70.735	0.000
PBC　　BY				
PBC1	0.892	0.011	80.773	0.000

续表

	PBC2	0.975	0.008	118.358	0.000
	PBC3	0.800	0.017	47.883	0.000
BI	BY				
	BI1	0.947	0.006	147.846	0.000
	BI2	0.954	0.006	156.826	0.000
	BI3	0.820	0.015	55.539	0.000
	BI4	0.770	0.018	42.769	0.000
TCB	BY				
	TCB1	0.877	0.011	81.413	0.000
	TCB2	0.933	0.007	133.230	0.000
	TCB3	0.955	0.006	166.784	0.000
	TCB4	0.875	0.011	80.855	0.000
TCB	ON				
	ATT	0.299	0.048	6.285	0.000
	SN	0.102	0.048	2.145	0.032
	PBC	0.141	0.043	3.253	0.001
SN	WITH				
	ATT	0.523	0.032	16.223	0.000
PBC	WITH				
	ATT	0.408	0.036	11.241	0.000
	SN	0.326	0.039	8.280	0.000
BI	WITH				
	ATT	0.530	0.032	16.753	0.000
	SN	0.401	0.037	10.759	0.000
	PBC	0.272	0.040	6.722	0.000
Intercepts					
	ATT1	7.221	0.217	33.309	0.000
	ATT2	7.996	0.239	33.423	0.000
	ATT3	7.409	0.222	33.340	0.000
	PBC1	3.595	0.114	31.585	0.000
	PBC2	3.642	0.115	31.640	0.000
	PBC3	3.432	0.109	31.381	0.000
	SN1	4.540	0.140	32.406	0.000
	SN2	5.230	0.160	32.765	0.000
	SN3	4.667	0.144	32.483	0.000
	TCB1	6.206	0.188	33.093	0.000
	TCB2	6.400	0.193	33.142	0.000

续表

TCB3	6.508	0.196	33.167	0.000
TCB4	6.076	0.184	33.058	0.000
BI1	5.346	0.163	32.813	0.000
BI2	5.225	0.159	32.763	0.000
BI3	5.202	0.159	32.753	0.000
BI4	3.970	0.124	31.973	0.000
Variances				
ATT	1.000	0.000	999.000	999.000
SN	1.000	0.000	999.000	999.000
PBC	1.000	0.000	999.000	999.000
BI	1.000	0.000	999.000	999.000
Residual Variances				
ATT1	0.095	0.010	9.254	0.000
ATT2	0.160	0.014	11.621	0.000
ATT3	0.054	0.008	6.461	0.000
PBC1	0.205	0.020	10.383	0.000
PBC2	0.050	0.016	3.128	0.002
PBC3	0.360	0.027	13.465	0.000
SN1	0.152	0.017	9.060	0.000
SN2	0.112	0.015	7.242	0.000
SN3	0.251	0.021	11.876	0.000
TCB1	0.231	0.019	12.216	0.000
TCB2	0.129	0.013	9.898	0.000
TCB3	0.088	0.011	8.091	0.000
TCB4	0.234	0.019	12.336	0.000
BI1	0.104	0.012	8.576	0.000
BI2	0.091	0.012	7.828	0.000
BI3	0.328	0.024	13.527	0.000
BI4	0.407	0.028	14.665	0.000
TCB	0.805	0.031	26.097	0.000

R-SQUARE

Observed Variable	Estimate	S.E.	Two-Tailed Est./S.E.	P-Value
ATT1	0.905	0.010	88.245	0.000
ATT2	0.840	0.014	60.927	0.000
ATT3	0.946	0.008	113.658	0.000
PBC1	0.795	0.020	40.386	0.000
PBC2	0.950	0.016	59.179	0.000
PBC3	0.640	0.027	23.941	0.000

续表

SN1	0.848	0.017	50.425	0.000
SN2	0.888	0.015	57.706	0.000
SN3	0.749	0.021	35.368	0.000
TCB1	0.769	0.019	40.706	0.000
TCB2	0.871	0.013	66.615	0.000
TCB3	0.912	0.011	83.392	0.000
TCB4	0.766	0.019	40.428	0.000
BI1	0.896	0.012	73.923	0.000
BI2	0.909	0.012	78.413	0.000
BI3	0.672	0.024	27.769	0.000
BI4	0.593	0.028	21.384	0.000

Latent Variable	Estimate	S.E.	Est./S.E.	Two-Tailed P-Value
TCB	0.195	0.031	6.336	0.000

QUALITY OF NUMERICAL RESULTS

Condition Number for the Information Matrix   0.330E-03
(ratio of smallest to largest eigenvalue)

DIAGRAM INFORMATION

Use View Diagram under the Diagram menu in theMplus Editor to view the diagram.
If runningMplus from the Mplus Diagrammer, the diagram opens automatically.

Diagram output
XXX.dgm

表 6.5　依次检验系数 a 和 b 的 Mplus 语句及输出结果

Mplus VERSION 7.4
MUTHEN & MUTHEN
12/15/2023　10:42 PM

INPUT INSTRUCTIONS

DATA:
XXX.dat;
VARIABLE:
NAMES ARE ID TCB1 TCB2 TCB3 TCB4
BI1 BI2 BI3 BI4 ATT1 ATT2 ATT3 PBC1 PBC2 PBC3 AFFP1 AFFP2

```
          AFFP3 SN1 SN2 SN3；
          usevariables are ATT1 ATT2 ATT3 PBC1 PBC2 PBC3 SN1 SN2 SN3
          TCB1 TCB2 TCB3 TCB4
          BI1 BI2 BI3 BI4；
          ANALYSIS：
          TYPE IS GENERAL；
          ESTIMATOR IS ML；
              MODEL：
          ATT by ATT1 ATT2 ATT3；
          SN by SN1 SN2 SN3；
          PBC by PBC1 PBC2 PBC3；
          BI by BI1 BI2 BI3 BI4；
          TCB by TCB1 TCB2 TCB3 TCB4；


          TCB ON BI；
          BI ON ATT SN PBC；


          OUTPUT：
          STDYX；
```

INPUT READING TERMINATED NORMALLY

SUMMARY OF ANALYSIS

Number of groups	1
Number of observations	576
Number of dependent variables	17
Number of independent variables	0
Number of continuous latent variables	5

Observed dependent variables

Continuous

ATT1	ATT2	ATT3	PBC1	PBC2	PBC3
SN1	SN2	SN3	TCB1	TCB2	TCB3
TCB4	BI1	BI2	BI3	BI4	

Continuous latent variables

ATT	SN	PBC	BI	TCB

Estimator	ML

续表

Information matrix	OBSERVED
Maximum number of iterations	1000
Convergence criterion	0.500D-04
Maximum number of steepest descent iterations	20

Input data file(s)

XXX.dat

Input dataformat FREE

THE MODEL ESTIMATION TERMINATED NORMALLY

MODEL FIT INFORMATION

Number of Free Parameters 58

Loglikelihood

H0 Value	−10418.566
H1 Value	−10263.469

Information Criteria

Akaike(AIC)	20953.132
Bayesian(BIC)	21205.786
Sample-Size Adjusted BIC	21021.660
(n*=(n+2)/24)	

Chi-Square Test of Model Fit

Value	310.194
Degrees of Freedom	112
P-Value	0.0000

RMSEA(Root Mean Square ErrorOf Approximation)

Estimate	0.055
90 Percent C.I.	0.048 0.063
Probability RMSEA<=.05	0.108

CFI/TLI

CFI	0.980

续表

TLI			0.976	

Chi-Square Test of Model Fit for the Baseline Model

Value		10211.751
Degrees of Freedom		136
P-Value		0.0000

SRMR(Standardized Root Mean Square Residual)

Value		0.088

MODEL RESULTS
……

STANDARDIZED MODEL RESULTS

STDYX Standardization

	Estimate	S.E.	Est./S.E.	Two-Tailed P-Value
ATT BY				
ATT1	0.951	0.005	174.801	0.000
ATT2	0.916	0.008	121.512	0.000
ATT3	0.973	0.004	226.613	0.000
SN BY				
SN1	0.921	0.009	101.013	0.000
SN2	0.942	0.008	115.075	0.000
SN3	0.865	0.012	70.770	0.000
PBC BY				
PBC1	0.891	0.011	79.789	0.000
PBC2	0.976	0.008	117.101	0.000
PBC3	0.799	0.017	47.608	0.000
BI BY				
BI1	0.947	0.006	149.510	0.000
BI2	0.952	0.006	156.827	0.000
BI3	0.821	0.015	55.713	0.000
BI4	0.772	0.018	43.058	0.000

续表

TCB BY				
TCB1	0.877	0.011	81.422	0.000
TCB2	0.933	0.007	132.799	0.000
TCB3	0.955	0.006	166.110	0.000
TCB4	0.875	0.011	80.629	0.000
TCB ON				
BI	0.329	0.039	8.428	0.000
BI ON				
ATT	0.428	0.043	9.943	0.000
SN	0.164	0.044	3.695	0.000
PBC	0.047	0.041	1.145	0.252
SN WITH				
ATT	0.523	0.032	16.214	0.000
PBC WITH				
ATT	0.407	0.036	11.241	0.000
SN	0.326	0.039	8.279	0.000
Intercepts				
ATT1	7.221	0.217	33.308	0.000
ATT2	7.996	0.239	33.422	0.000
ATT3	7.409	0.222	33.339	0.000
PBC1	3.595	0.114	31.585	0.000
PBC2	3.642	0.115	31.640	0.000
PBC3	3.432	0.109	31.381	0.000
SN1	4.540	0.140	32.405	0.000
SN2	5.230	0.160	32.764	0.000
SN3	4.667	0.144	32.483	0.000
TCB1	6.206	0.188	33.093	0.000
TCB2	6.400	0.193	33.142	0.000
TCB3	6.508	0.196	33.167	0.000
TCB4	6.076	0.184	33.057	0.000
BI1	5.346	0.163	32.812	0.000
BI2	5.225	0.159	32.762	0.000
BI3	5.202	0.159	32.752	0.000
BI4	3.970	0.124	31.973	0.000
Variances				
ATT	1.000	0.000	999.000	999.000
SN	1.000	0.000	999.000	999.000
PBC	1.000	0.000	999.000	999.000

续表

Residual Variances

ATT1	0.096	0.010	9.241	0.000
ATT2	0.161	0.014	11.623	0.000
ATT3	0.053	0.008	6.313	0.000
PBC1	0.206	0.020	10.323	0.000
PBC2	0.048	0.016	2.968	0.003
PBC3	0.362	0.027	13.490	0.000
SN1	0.152	0.017	9.024	0.000
SN2	0.112	0.015	7.265	0.000
SN3	0.251	0.021	11.881	0.000
TCB1	0.231	0.019	12.199	0.000
TCB2	0.129	0.013	9.870	0.000
TCB3	0.088	0.011	8.039	0.000
TCB4	0.234	0.019	12.339	0.000
BI1	0.104	0.012	8.659	0.000
BI2	0.093	0.012	8.078	0.000
BI3	0.327	0.024	13.505	0.000
BI4	0.404	0.028	14.619	0.000
BI	0.693	0.034	20.580	0.000
TCB	0.892	0.026	34.715	0.000

R-SQUARE

Observed Variable	Estimate	S.E.	Est./S.E.	Two-Tailed P-Value
ATT1	0.904	0.010	87.401	0.000
ATT2	0.839	0.014	60.756	0.000
ATT3	0.947	0.008	113.307	0.000
PBC1	0.794	0.020	39.894	0.000
PBC2	0.952	0.016	58.551	0.000
PBC3	0.638	0.027	23.804	0.000
SN1	0.848	0.017	50.506	0.000
SN2	0.888	0.015	57.538	0.000
SN3	0.749	0.021	35.385	0.000
TCB1	0.769	0.019	40.711	0.000
TCB2	0.871	0.013	66.400	0.000
TCB3	0.912	0.011	83.055	0.000
TCB4	0.766	0.019	40.315	0.000
BI1	0.896	0.012	74.755	0.000
BI2	0.907	0.012	78.414	0.000
BI3	0.673	0.024	27.857	0.000
BI4	0.596	0.028	21.529	0.000

续表

Latent Variable	Estimate	S.E.	Est./S.E.	Two-Tailed P-Value
BI	0.307	0.034	9.116	0.000
TCB	0.108	0.026	4.214	0.000

QUALITY OF NUMERICAL RESULTS

    Condition Number for the Information Matrix   0.355E−03

    （ratio of smallest to largest eigenvalue）

DIAGRAM INFORMATION

    Use View Diagram under the Diagram menu in theMplus Editor to view the diagram.

    If runningMplus from the Mplus Diagrammer，the diagram opens automatically.

    Diagram output

      XXX.dgm

表 6.6 系数 ab 检验的 Mplus 语句及输出结果

Mplus VERSION 7.4

    MUTHEN & MUTHEN

    12/15/2023　10：46 PM

INPUT INSTRUCTIONS

  DATA：

    XXX.dat；

  VARIABLE：

    NAMES ARE ID TCB1 TCB2 TCB3 TCB4

    BI1 BI2 BI3 BI4 ATT1 ATT2 ATT3 PBC1 PBC2 PBC3 AFFP1 AFFP2

    AFFP3 SN1 SN2 SN3；

    usevariables are ATT1 ATT2 ATT3 PBC1 PBC2 PBC3 SN1 SN2 SN3

    TCB1 TCB2 TCB3 TCB4

    BI1 BI2 BI3 BI4；

  ANALYSIS：

  TYPE IS GENERAL；

  ESTIMATOR IS ML；

  BOOTSTRAP=1000；

  MODEL：

  ATT by ATT1 ATT2 ATT3；

  SN by SN1 SN2 SN3；

```
    PBC by PBC1 PBC2 PBC3;
    BI by BI1 BI2 BI3 BI4;
    TCB by TCB1 TCB2 TCB3 TCB4;

    TCB ON BI ATT SN PBC;
    BI ON ATT SN PBC;

    MODEL INDIRECT:
            TCB IND ATT;
  TCB IND SN;
  TCB IND PBC;
    OUTPUT:
  STDYX;
CINTERVAL(bcbootstrap);
```

INPUT READING TERMINATED NORMALLY

SUMMARY OF ANALYSIS

Number of groups	1
Number of observations	576
Number of dependent variables	17
Number of independent variables	0
Number of continuous latent variables	5

Observed dependent variables

Continuous

ATT1	ATT2	ATT3	PBC1	PBC2	PBC3
SN1	SN2	SN3	TCB1	TCB2	TCB3
TCB4	BI1	BI2	BI3	BI4	

Continuous latent variables

ATT	SN	PBC	BI	TCB

Estimator	ML
Information matrix	OBSERVED
Maximum number of iterations	1000
Convergence criterion	0.500D-04
Maximum number of steepest descent iterations	20
Number of bootstrap draws	

续表

Requested	1000
Completed	1000

Input data file(s)
  XXX.dat

Input dataformat   FREE

THE MODEL ESTIMATION TERMINATED NORMALLY

MODEL FIT INFORMATION

Number of Free Parameters   61

Loglikelihood

  H0 Value   −10387.135
  H1 Value   −10263.469

Information Criteria

  Akaike(AIC)   20896.269
  Bayesian(BIC)   21161.992
  Sample-Size Adjusted BIC   20968.342
  (n * = (n+2)/24)

Chi-Square Test of Model Fit

  Value   247.331
  Degrees of Freedom   109
  P-Value   0.0000

RMSEA(Root Mean Square ErrorOf Approximation)

  Estimate   0.047
  90 Percent C.I.   0.039   0.055
  Probability RMSEA< =.05   0.733

CFI/TLI

  CFI   0.986
  TLI   0.983

Chi-Square Test of Model Fit for the Baseline Model

Value	10211.751
Degrees of Freedom	136
P-Value	0.0000

SRMR(Standardized Root Mean Square Residual)

Value	0.033

MODEL RESULTS

......

STANDARDIZED MODEL RESULTS

STDYX Standardization

	Estimate	S.E.	Est./S.E.	Two-Tailed P-Value
ATT BY				
ATT1	0.951	0.011	88.665	0.000
ATT2	0.916	0.022	41.743	0.000
ATT3	0.973	0.010	98.449	0.000
SN BY				
SN1	0.921	0.017	54.738	0.000
SN2	0.943	0.022	43.508	0.000
SN3	0.865	0.036	24.313	0.000
PBC BY				
PBC1	0.892	0.023	38.733	0.000
PBC2	0.975	0.009	107.856	0.000
PBC3	0.800	0.031	25.761	0.000
BI BY				
BI1	0.947	0.015	65.067	0.000
BI2	0.953	0.012	82.375	0.000
BI3	0.820	0.038	21.450	0.000
BI4	0.771	0.033	23.509	0.000
TCB BY				
TCB1	0.877	0.023	38.353	0.000

续表

TCB2	0.933	0.020	45.840	0.000
TCB3	0.955	0.012	79.444	0.000
TCB4	0.875	0.021	42.116	0.000
TCB　　ON				
BI	0.120	0.061	1.962	0.050
ATT	0.246	0.064	3.830	0.000
SN	0.082			
	0.053	1.548	0.122	
PBC	0.137	0.057	2.402	0.016
BI　　ON				
ATT	0.425	0.059	7.254	0.000
SN	0.163	0.047	3.476	0.001
PBC	0.045	0.038	1.177	0.239
SN　　WITH				
ATT	0.523	0.045	11.558	0.000
PBC　　WITH				
ATT	0.408	0.042	9.809	0.000
SN	0.326	0.049	6.640	0.000
Intercepts				
ATT1	7.221	0.428	16.866	0.000
ATT2	7.996	0.432	18.513	0.000
ATT3	7.409	0.446	16.626	0.000
PBC1	3.595	0.192	18.733	0.000
PBC2	3.642	0.182	20.016	0.000
PBC3	3.432	0.142	24.159	0.000
SN1	4.540	0.191	23.735	0.000
SN2	5.230	0.225	23.205	0.000
SN3	4.667	0.213	21.878	0.000
TCB1	6.206	0.274	22.680	0.000
TCB2	6.400	0.341	18.778	0.000
TCB3	6.508	0.302	21.516	0.000
TCB4	6.076	0.264	23.045	0.000
BI1	5.346	0.330	16.224	0.000
BI2	5.225	0.325	16.098	0.000
BI3	5.202	0.312	16.695	0.000
BI4	3.970	0.198	20.049	0.000
Variances				
ATT	1.000	0.000	999.000	999.000

SN	1.000	0.000	999.000	999.000
PBC	1.000	0.000	999.000	999.000

Residual Variances

ATT1	0.095	0.020	4.674	0.000
ATT2	0.160	0.040	3.992	0.000
ATT3	0.053	0.019	2.784	0.005
PBC1	0.205	0.041	5.008	0.000
PBC2	0.050	0.018	2.838	0.005
PBC3	0.360	0.049	7.287	0.000
SN1	0.152	0.031	4.926	0.000
SN2	0.112	0.041	2.750	0.006
SN3	0.251	0.061	4.108	0.000
TCB1	0.231	0.040	5.772	0.000
TCB2	0.129	0.038	3.415	0.001
TCB3	0.089	0.023	3.880	0.000
TCB4	0.234	0.036	6.463	0.000
BI1	0.104	0.027	3.779	0.000
BI2	0.091	0.022	4.155	0.000
BI3	0.327	0.062	5.264	0.000
BI4	0.406	0.050	8.052	0.000
BI	0.698	0.057	12.316	0.000
TCB	0.796	0.039	20.491	0.000

R-SQUARE

Observed Variable	Estimate	S.E.	Est./S.E.	Two-Tailed P-Value
ATT1	0.905	0.020	44.426	0.000
ATT2	0.840	0.040	20.928	0.000
ATT3	0.947	0.019	49.354	0.000
PBC1	0.795	0.041	19.458	0.000
PBC2	0.950	0.018	54.052	0.000
PBC3	0.640	0.049	12.943	0.000
SN1	0.848	0.031	27.445	0.000
SN2	0.888	0.041	21.892	0.000
SN3	0.749	0.061	12.235	0.000
TCB1	0.769	0.040	19.250	0.000
TCB2	0.871	0.038	23.024	0.000
TCB3	0.911	0.023	39.849	0.000
TCB4	0.766	0.036	21.188	0.000
BI1	0.896	0.027	32.672	0.000

续表

BI2	0.909	0.022	41.300	0.000
BI3	0.673	0.062	10.815	0.000
BI4	0.594	0.050	11.781	0.000

Latent Variable	Estimate	S.E.	Est./S.E.	Two-Tailed P-Value
BI	0.302	0.057	5.336	0.000
TCB	0.204	0.039	5.258	0.000

TOTAL, TOTAL INDIRECT, SPECIFIC INDIRECT, AND DIRECT EFFECTS

......

STANDARDIZED TOTAL, TOTAL INDIRECT, SPECIFIC INDIRECT, AND DIRECT EFFECTS

STDYX Standardization

	Estimate	S.E.	Est./S.E.	Two-Tailed P-Value
Effects from ATT to TCB				
Total	0.297	0.060	4.929	0.000
Total indirect	0.051	0.028	1.842	0.065
Specific indirect				
TCB				
BI				
ATT	0.051	0.028	1.842	0.065
Direct				
TCB				
ATT	0.246	0.064	3.830	0.000
Effects from SN to TCB				
Total	0.102	0.052	1.939	0.052
Total indirect	0.020	0.011	1.811	0.070

Specific indirect

   TCB
   BI
SN 0.0200.0111.8110.070

   Direct
   TCB
SN 0.0820.0531.5480.122

Effects from PBC to TCB

Total	0.142	0.057	2.507	0.012
Total indirect	0.005	0.006	0.870	0.384

Specific indirect

   TCB
   BI

PBC	0.005	0.006	0.870	0.384

   Direct
   TCB

PBC	0.137	0.057	2.402	0.016

CONFIDENCE INTERVALS OF MODEL RESULTS
……

CONFIDENCE INTERVALS OF STANDARDIZED MODEL RESULTS

STDYX Standardization

	Lower .5%	Lower 2.5%	Lower 5%	Estimate	Upper 5%	Upper 2.5%	Upper .5%
ATT BY							
ATT1	0.916	0.926	0.929	0.951	0.966	0.969	0.974
ATT2	0.848	0.867	0.872	0.916	0.949	0.954	0.962
ATT3	0.940	0.951	0.954	0.973	0.986	0.989	0.993
SN BY							
SN1	0.871	0.882	0.890	0.921	0.945	0.952	0.959

续表

	SN2	0.862	0.889	0.894	0.943	0.969	0.973	0.983
	SN3	0.753	0.793	0.804	0.865	0.917	0.928	0.944
PBC	BY							
	PBC1	0.820	0.842	0.851	0.892	0.925	0.932	0.940
	PBC2	0.950	0.956	0.959	0.975	0.989	0.991	0.994
	PBC3	0.711	0.732	0.746	0.800	0.845	0.854	0.872
BI	BY							
	BI1	0.895	0.907	0.913	0.947	0.964	0.968	0.973
	BI2	0.917	0.925	0.930	0.953	0.969	0.971	0.976
	BI3	0.704	0.729	0.746	0.820	0.875	0.883	0.900
	BI4	0.677	0.700	0.710	0.771	0.822	0.832	0.846
TCB	BY							
	TCB1	0.801	0.817	0.832	0.877	0.908	0.913	0.924
	TCB2	0.860	0.881	0.889	0.933	0.959	0.963	0.971
	TCB3	0.918	0.927	0.932	0.955	0.972	0.974	0.980
	TCB4	0.814	0.832	0.839	0.875	0.906	0.913	0.922
TCB	ON							
	BI	−0.026	0.009	0.031	0.120	0.231	0.252	0.303
	ATT	0.092	0.125	0.146	0.246	0.355	0.380	0.425
	SN	−0.044	−0.017	0.003	0.082	0.173	0.189	0.225
	PBC	0.013	0.045	0.059	0.137	0.249	0.261	0.285
BI	ON							
	ATT	0.275	0.310	0.328	0.425	0.522	0.548	0.574
	SN	0.054	0.079	0.091	0.163	0.247	0.262	0.305
	PBC	−0.054	−0.020	−0.011	0.045	0.116	0.130	0.154
SN	WITH							
	ATT	0.404	0.438	0.452	0.523	0.602	0.614	0.634
PBC	WITH							
	ATT	0.301	0.331	0.344	0.408	0.481	0.494	0.522
	SN	0.202	0.234	0.243	0.326	0.406	0.425	0.454
Intercepts								
	ATT1	6.144	6.412	6.510	7.221	7.868	8.023	8.311
	ATT2	7.082	7.260	7.356	7.996	8.742	8.879	9.149
	ATT3	6.386	6.505	6.647	7.409	8.169	8.311	8.516
	PBC1	3.167	3.242	3.290	3.595	3.916	3.999	4.149
	PBC2	3.231	3.311	3.350	3.642	3.925	4.011	4.157

续表

PBC3	3.115	3.180	3.211	3.432	3.684	3.731	3.822
SN1	4.072	4.139	4.211	4.540	4.833	4.890	5.072
SN2	4.677	4.839	4.892	5.230	5.609	5.725	5.866
SN3	4.187	4.260	4.324	4.667	5.033	5.095	5.248
TCB1	5.440	5.667	5.749	6.206	6.635	6.723	6.895
TCB2	5.517	5.763	5.845	6.400	6.997	7.084	7.309
TCB3	5.659	5.923	5.991	6.508	6.998	7.084	7.239
TCB4	5.378	5.568	5.644	6.076	6.500	6.554	6.763
BI1	4.566	4.710	4.811	5.346	5.892	5.992	6.241
BI2	4.468	4.640	4.728	5.225	5.782	5.920	6.134
BI3	4.446	4.660	4.720	5.202	5.725	5.837	6.162
BI4	3.519	3.607	3.656	3.970	4.299	4.380	4.560
Variances							
ATT	1.000	1.000	1.000	1.000	1.000	1.000	1.000
SN	1.000	1.000	1.000	1.000	1.000	1.000	1.000
PBC	1.000	1.000	1.000	1.000	1.000	1.000	1.000
Residual Variances							
ATT1	0.052	0.061	0.066	0.095	0.136	0.142	0.159
ATT2	0.073	0.090	0.100	0.160	0.240	0.249	0.277
ATT3	0.013	0.021	0.027	0.053	0.089	0.095	0.116
PBC1	0.116	0.132	0.143	0.205	0.276	0.289	0.321
PBC2	0.006	0.017	0.022	0.050	0.079	0.086	0.097
PBC3	0.240	0.270	0.285	0.360	0.443	0.463	0.489
SN1	0.081	0.093	0.107	0.152	0.207	0.222	0.240
SN2	0.032	0.052	0.061	0.112	0.199	0.209	0.234
SN3	0.107	0.138	0.158	0.251	0.352	0.370	0.433
TCB1	0.141	0.166	0.175	0.231	0.308	0.331	0.353
TCB2	0.057	0.073	0.080	0.129	0.208	0.224	0.242
TCB3	0.040	0.050	0.055	0.089	0.132	0.139	0.156
TCB4	0.148	0.166	0.178	0.234	0.296	0.307	0.331
BI1	0.054	0.063	0.071	0.104	0.167	0.176	0.188
BI2	0.047	0.056	0.060	0.091	0.134	0.142	0.157
BI3	0.189	0.218	0.235	0.327	0.442	0.466	0.498
BI4	0.283	0.307	0.323	0.406	0.493	0.509	0.534
BI	0.525	0.574	0.598	0.698	0.784	0.797	0.827
TCB	0.697	0.719	0.735	0.796	0.859	0.866	0.886

CONFIDENCE INTERVALS OF TOTAL, TOTAL INDIRECT, SPECIFIC INDIRECT, AND DIRECT EFFECTS

......

续表

CONFIDENCE INTERVALS OF STANDARDIZED TOTAL, TOTAL INDIRECT, SPECIFIC INDIRECT, AND DIRECT EFFECTS

STDYX Standardization

	Lower .5%	Lower 2.5%	Lower 5%	Estimate	Upper 5%	Upper 2.5%	Upper .5%
Effects from ATT to TCB							
Total	0.139	0.180	0.198	0.297	0.401	0.420	0.445
Total indirect	−0.009	0.004	0.013	0.051	0.107	0.113	0.137
Specific indirect							
TCB							
BI							
ATT	−0.009	0.004	0.013	0.051	0.107	0.113	0.137
Direct							
TCB							
ATT	0.092	0.125	0.146	0.246	0.355	0.380	0.425
Effects from SN to TCB							
Total	−0.037	0.004	0.021	0.102	0.184	0.203	0.246
Total indirect	−0.002	0.004	0.007	0.020	0.042	0.050	0.057
Specific indirect							
TCB							
BI							
SN	−0.002	0.004	0.007	0.020	0.042	0.050	0.057
Direct							
TCB							
SN	−0.044	−0.017	0.003	0.082	0.173	0.189	0.225
Effects from PBC to TCB							
Total	0.013	0.044	0.062	0.142	0.252	0.265	0.291
Total indirect	−0.003	−0.001	0.000	0.005	0.022	0.027	0.038

续表

```
  Specific indirect

    TCB
    BI
    PBC        −0.003    −0.001     0.000      0.005      0.022      0.027      0.038

  Direct
    TCB
    PBC         0.013     0.045     0.059      0.137      0.249      0.261      0.285

  DIAGRAM INFORMATION

    Use View Diagram under the Diagram menu in theMplus Editor to view the diagram.
    If runningMplus from the Mplus Diagrammer，the diagram opens automatically.

    Diagram output
      XXX.dgm
```

　　根据表 6.6 整理的相应模型的拟合指数见表 6.7。从表 6.7 可知，所有指标均达标，因此理论模型的拟合效果良好。

表 6.7　理论模型拟合指标值

拟合度指标	建议值	模型指标	达标情况
$ML\chi^2$	越小越好	247.331	/
Df	越大越好	109	/
$ML\chi^2/Df$（normed chi square）	$1<\chi^2/Df<3$（宽松指标为 5）	2.269	达标
CFI	>0.9	0.986	达标
TLI	>0.9	0.983	达标
RMSEA	<0.08	0.047	达标
SRMR	<0.08	0.033	达标

　　根据表 6.4、表 6.5 整理的潜变量路径系数见表 6.8。从表 6.8 可知，低碳旅游消费行为意愿对低碳旅游消费行为影响的路径系数为 0.257，且在 0.01 显著性水平下显著；低碳旅游消费态度对低碳旅游消费行为意愿影响的路径系数为 0.561，且在 0.01 显著性水平下显著；主观规范对低碳旅游消费行为意愿影响的路径系数为 0.155，且在 0.01 显著性水平下显著。因此研究假设 H1、H2、H4 成立。感知行为控制对低碳旅游消费行为意愿影响的路径系数为 0.036，对低碳旅游消费行为意愿的影响在统计学意义上不显著，因此研究假设 H3 不成立。标准化系数越高代表对路径影响效果越大，在 ATT、SN、PBC 中，ATT 对 BI 的影响最大。

表 6.8 潜变量之间的路径系数

路径	Estimate	S.E.	Est./S.E.	P-Value
ATT→TCB	0.305 ***	0.051	6.039	0.000
SN→TCB	0.075 **	0.035	2.134	0.033
PBC→TCB	0.086 ***	0.027	3.218	0.001
BI→TCB	0.257 ***	0.033	7.805	0.000
ATT→BI	0.561 ***	0.061	9.261	0.000
SN→BI	0.155 ***	0.042	3.658	0.000
PBC→BI	0.036	0.032	1.144	0.253

*** :在 0.01 级别(双尾)显著; ** :在 0.05 级别(双尾)显著; * :在 0.1 级别(双尾)显著

从表 6.8 可知,低碳旅游消费态度、感知行为控制均在 0.01 显著性水平下显著正向影响低碳旅游消费行为,主观规范在 0.05 显著性水平下显著正向影响低碳旅游消费行为,可按中介效应立论,研究假设 H5~H7 成立。根据表 6.6 整理的中介效应检验结果见表 6.9。从表 6.9 可知,影响路径 ATT→BI→TCB 和 SN→BI→TCB 的间接效应均在 0.05 显著性水平上显著,中介效应存在且为部分中介效应,因此研究假设 H8 和 H9 成立。进一步对中介效应进行分解,中介效应占总效应的比重分别约为 17.1% 和 19.6%,中介效应与直接效应的比分别为 20.7% 和 24.4%。影响路径 PBC→BI→TCB 的间接效应在统计学意义上不显著,中介效应不存在,因此研究加上 H10 不成立。本案例的假设检验结果见表 6.10,根据假设检验结果修正原理论模型,修正后的理论模型见图 6.3。

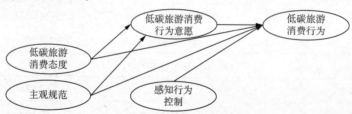

图 6.3 修正后的理论模型图

根据研究结果,针对重庆市大学生群体,在制定低碳旅游消费行为促进策略时,尤其要注重对大学生低碳旅游消费积极态度的塑造,其次要注意加强宣传,营造低碳旅游消费氛围,另外还要消除大学生实施低碳旅游消费行为的阻碍因素,降低其感知到的执行低碳旅游消费行为的难度,从而增加其实施低碳旅游消费行为的可能性。

表 6.9 中介效应检验结果

影响路径	效应分解	1000 次 BCBootstrap 置信区间							中介效应检验结果
		Lower 0.5%	Lower 2.5%	Lower 5%	Estimate	Upper 5%	Upper 2.5%	Upper0.5%	
ATT→BI→TCB	总效应	0.139	0.18	0.198	0.297***	0.401	0.42	0.445	部分中介效应
	间接效应	−0.009	0.004	0.013	0.051**	0.107	0.113	0.137	
	直接效应	0.092	0.125	0.146	0.246***	0.355	0.38	0.425	
SN→BI→TCB	总效应	−0.037	0.004	0.021	0.102**	0.184	0.203	0.246	部分中介效应
	间接效应	−0.002	0.004	0.007	0.020**	0.042	0.05	0.057	
	直接效应	−0.044	−0.017	0.003	0.082*	0.173	0.189	0.225	
PBC→BI→TCB	总效应	0.013	0.044	0.062	0.142***	0.252	0.265	0.291	中介效应不显著
	间接效应	−0.003	−0.001	0.000	0.005	0.022	0.027	0.038	
	直接效应	0.013	0.045	0.059	0.137***	0.249	0.261	0.285	

表 6.10 假设检验结果

序号	假设内容	检验结论
H1	低碳旅游消费态度显著正向影响低碳旅游消费行为意愿	成立
H2	主观规范显著正向影响低碳旅游消费行为意愿	成立
H3	感知行为控制显著正向影响低碳旅游消费行为意愿	不成立
H4	低碳旅游消费行为意愿显著正向影响低碳旅游消费行为	成立
H5	低碳旅游消费态度显著正向影响低碳旅游消费行为	成立
H6	主观规范显著正向影响低碳旅游消费行为	成立
H7	感知行为控制显著正向影响低碳旅游消费行为	成立
H8	低碳旅游消费行为意愿在低碳旅游消费态度和低碳旅游消费行为之间起中介作用	成立
H9	低碳旅游消费行为意愿在主观规范和低碳旅游消费行为之间起中介作用	成立
H10	低碳旅游消费行为意愿在感知行为控制和低碳旅游消费行为之间起中介作用	不成立

参考文献

[1] AJZEN I. The theory of planned behavior[J]. Organizational Behavior and Human Decision Processes,1991,50(2):179-211.

[2] CHOI H,JANG J,KANDAMPULLY J. Application of the extended VBN theory to understand consumers' decisions about green hotels[J]. International Journal of Hospitality Management, 2015,51:87-95.

[3] CUDECK R,HARRING J R,DU TOIT S H C. Marginal maximum likelihood estimation of a latent variable model with interaction[J]. Journal of Educational and Behavioral Statistics, 2009,34(1):131-144.

[4] GUAGNANO G A,STERN P C,DIETZ T. Influences on attitude-behavior relationships[J]. Environment and Behavior,1995,27(5):699-718.

[5] HALL M C,HIGHAM,J. Tourism,recreation and climate change[M]. Clevedon(UK):Channel View Publications,2005.

[6] HU L T,BENTLER P M. Cutoff criteria for fit indexes in covariance structure analysis:Conventional criteria versus new alternatives[J]. Structural Equation Modeling:A Multidisciplinary Journal, 1999,6(1):1-55.

[7] HUNGERFORD H R. Investigating and evaluating environmental issues and actions:Skill development modules[M]. Champaign(USA):Stipes Publishing Company,1992.

[8] KARIMI S,BIEMANS H J A,LANS T,et al.. Understanding the role of cultural orientations in the formation of entrepreneurial intentions in Iran[J]. Journal of Career Development,2021,48 (5):619-637.

[9] KELAVA A,WERNER C S,SCHERMELLEH-ENGEL K,et al.. Advanced nonlinear latent variable modeling:Distribution analytic LMS and QML estimators of interaction and quadratic effects[J]. Structural Equation Modeling:A Multidisciplinary Journal,2011,18(3):465-491.

[10] KIM S H,SEOCK Y K. The roles of values and social norm on personal norms and pro-environmentally friendly apparel product purchasing behavior:The mediating role of personal norms[J]. Journal of Retailing and Consumer Services,2019,51:83-90.

［11］ KLEIN A,MOOSBRUGGER H.Maximum likelihood estimation of latent interaction effects with the LMS method［J］.Psychometrika,2000,65(4):457-474.

［12］ KOLLMUSS A,AGYEMAN J.Mind the Gap:Why do people act environmentally and what are the barriers to pro-environmentalbehavior? ［J］.Environmental Education Research,2002,8(3):239-260.

［13］ SMITH M B.Review of field theory in social science:Selected theoretical papers［J］. Psychological Bulletin,1951,48(6):520-521.

［14］ LÓPEZ-MOSQUERA N,SÁNCHEZ M.Theory of Planned Behavior and the Value-Belief-Norm Theory explaining willingness to pay for a suburban park［J］.Journal of Environmental Management,2012,113:251-262.

［15］ ROBAINA-ALVES M,MOUTINHO V,COSTA R.Change in energy-related CO2(carbon dioxide)emissions in Portuguese tourism:A decomposition analysis from 2000 to 2008［J］. Journal of Cleaner Production,2016,111:520-528.

［16］ MARSH H W,HAU K T,WEN Z L.In search of golden rules:Comment on hypothesis-testing approaches to setting cutoff values for fit indexesand dangers in overgeneralizing hu and bentler's(1999) findings［J］.Structural Equation Modeling:A Multidisciplinary Journal, 2004,11(3):320-341.

［17］ OVERSTREET R E,CEGIELSKI C,HALL D.Predictors of the intent to adopt preventive innovations:A meta-analysis［J］.Journal of Applied Social Psychology,2013,43(5): 936-946.

［18］ SARIS W E,BATISTA-FOGUET J M,COENDERS G.Selection of indicators for the interaction term in structural equation models with interaction［J］.Quality & Quantity,2007,41 (1):55-72.

［19］ SIA A P,HUNGERFORD H R,TOMERA A N.Selected predictors of responsible environmental behavior:An analysis［J］.The Journal of Environmental Education,1986,17 (2):31-40.

［20］ GÖSSLING S,SCOTT D,HALL C M.Inter-market variability in CO_2 emission-intensities in tourism:Implications for destination marketing and carbon management［J］.Tourism Management,2015,46:203-212.

［21］ STEIGER J H.A note on multiple sample extensions of the RMSEA fit index［J］.Structural Equation Modeling:A Multidisciplinary Journal,1998,5(4):411-419.

［22］ STERN P C,DIETZ T,ABEL T,et al..A value-belief-norm theory of support for social movements:The case of environmentalism［J］.Human Ecology Review,1999,6(2):81-97.

［23］ BECKEN S,SIMMONS D G,FRAMPTON C.Energyuse associated with different travel choices ［J］.Tourism Management,2003,24(3):267-277.

［24］ WENSING J,CARRARESI L,BRÖRING S.Do pro-environmental values,beliefs and norms drive farmers' interest in novel practices fostering the Bioeconomy? ［J］.Journal of Environmental Management,2019,232:858-867.

［25］ 陈小连,胡孝平.大学生低碳旅游感知价值、参照群体及参与意愿之关系研究［J］.生态经

济,2012,28(3):87-91.

[26] 丁超勋,陈浩哲,刘巨斌,等.基于计划行为理论的居民低碳消费行为影响因素与引导策略[J].全国流通经济,2023(12):4-7.

[27] 顾琴轩,王莉红.研发团队社会资本对创新绩效作用路径:心理安全和学习行为整合视角[J].管理科学学报,2015,18(5):68-78.

[28] 黄华婷,董雪旺,智瑞芝.双碳背景下城镇居民低碳消费行为及其影响因素研究:来自浙江省的调查数据[J].干旱区资源与环境,2022,36(11):27-33.

[29] 黄蕾,李莉,林澍.低碳旅游消费意愿的影响因素研究[J].中南林业科技大学学报(社会科学版),2016,10(1):84-87.

[30] 刘红云,骆方,张玉,等.因变量为等级变量的中介效应分析[J].心理学报,2013,45(12):1432-1444.

[31] 刘长生,杨梅.低碳旅游消费行为评价模型构建及其实证分析[J].消费经济,2018,34(1):36-43.

[32] 马勇,王佩佩.旅游者低碳旅游消费倾向影响因素研究[J].旅游研究,2015,7(1):1-6.

[33] 邱宏亮.旅游者环境责任行为测量维度及影响机制研究[D].杭州:浙江工商大学,2017.

[34] 任劼,孔荣.基于验证性因子分析的农户收入质量研究[J].重庆大学学报(社会科学版),2016,22(4):54-61.

[35] 汪清蓉,李飞.公众对低碳旅游的认知、意愿及行为特征分析:以佛山市为例[J].热带地理,2011,31(5):489-495.

[36] 王济川,王小倩,姜宝法.结构方程模型:方法与应用[M].北京:高等教育出版社,2011.

[37] 王孟成.潜变量建模与 Mplus 应用-基础篇[M].重庆:重庆大学出版社,2014.

[38] 温忠麟,叶宝娟.中介效应分析:方法和模型发展[J].心理科学进展,2014,22(5):731-745.

[39] 温忠麟,张雷,侯杰泰,等.中介效应检验程序及其应用[J].心理学报,2004,36(5):614-620.

[40] 温忠麟,吴艳,侯杰泰.潜变量交互效应结构方程:分布分析方法[J].心理学探新,2013,33(5):409-414.

[41] 吴明隆.结构方程模型:AMOS 的操作与应用[M].2 版.重庆:重庆大学出版社,2010.

[42] 易丹辉,李静萍.结构方程模型及其应用[M].北京:北京大学出版社,2019.

[43] 张蕾,蔡志坚,胡国珠.农村居民低碳消费行为意向分析:基于计划行为理论[J].经济与管理,2015,29(5):92-96.

[44] 郑岩,黄素华.国内游客低碳旅游感知与消费调查研究:以大连市为例[J].经济研究导刊,2011(3):163-164.